AF450982

AMBIENTES DE ÉXITO
EN TU EMPRESA

SILVIA GARCÍA

www.ambientesdeexito.guiaburros.es

EDITATUM

Diseño de cubierta: © Andrea Fernández (EDITATUM)
Maquetación de interior: © EDITATUM

Primera edición: mayo de 2020

ISBN: 978-84-18121-18-0
Depósito legal: M-9538-2020

IMPRESO EN ESPAÑA/ PRINTED IN SPAIN

Si después de leer este libro, lo ha considerado como útil e interesante, le agradeceríamos que hiciera sobre él una **reseña honesta en cualquier plataforma de opinión** y nos enviara un e-mail a **opiniones@guiaburros.es** para poder, desde la editorial, enviarle **como regalo otro libro de nuestra colección.**

Agradecimientos

A mi padre y mi madre.

De mi padre sigo aprendiendo que cada día es una oportunidad para cumplir sueños, y eso he decidido hacer hasta el último día: vivir cumpliendo sueños. De mi madre heredé su valor de contribución al mundo, mi deseo de aportar una pequeña semilla, que me acompaña en cada seminario que imparto.

Quiero agradecer a mi gran amigo, José Ramón García Melia, coach y formador. Desde hace diez años me ayuda incansablemente con su sabiduría a llegar mejor a las personas. Siempre estaré en deuda con él.

A Inés Montiel Higuero, mi coach. Con ella aprendí a sustituir el esfuerzo por la pasión, a ocupar mi lugar en las relaciones. Me enseñó una manera más amorosa de relacionarme conmigo misma y con el mundo. Ahora comparto esto con las organizaciones.

A mis hermanas: María Eugenia, Alejandra, Marisol, y a mi hermana del alma, Beatriz Fuster. Con ellas aprendí a pedir ayuda, a descansar en mi vulnerabilidad y a saber que siempre había alguien a mi lado para apoyarme.

Por último, y no menos importante, a mi hijo Nahuel. "De ti he aprendido a mirar la vida en colores, aunque esté nublado, y hacer de ella una aventura. ¡Bendita mirada!".

Sobre la autora

 **Silvia Garcia Pérez** desempeña su profesión como *coach*, formadora y consultora de empresas. Dirige programas de liderazgo y desarrollo empresarial, acompañando a las organizaciones a integrar habilidades de liderazgo y alcanzar mejores resultados.

Como *coach*, realiza procesos de *coaching* ejecutivo y de equipos, impulsando el liderazgo de los profesionales. Presta servicios de consultoría de procesos en empresas que tienen como objetivo la excelencia diaria, y la creatividad como principal recurso en sus objetivos estratégicos.

Creadora de los programas *Construye un sueño, diseña tu futuro* y *Cómo liderar equipos de alto rendimiento*, en los que ha formado a cientos de profesionales que ahora cuentan con mejores habilidades, nuevas herramientas y sabiduría para tomar mejores decisiones.

Fundadora en 2010 de la empresa Wings Coaching, desde entonces es un referente en desarrollo empresarial a través de diferentes disciplinas como el Eneagrama, la mediación, la consultoría de procesos y el *coaching* integrativo y sistémico.

Actualmente imparte conferencias, talleres y seminarios de liderazgo personal y profesional, y comparte con las personas modelos de trabajo que facilitan los procesos de cambio y evolución.

Desde 2017 colabora con el periódico *La Voz de Almería* y el programa *Ser Empresarios*, aportando herramientas para que cada organización alcance sus mayores posibilidades de éxito.

Índice

Prólogo

El mundo empresarial, como el resto de los ámbitos de nuestras vidas, es vertiginoso, y una de las cosas que no hacemos casi nunca es pararnos a reflexionar o analizar el porqué y el cómo realizamos nuestro trabajo o influimos en nuestros equipos.

Con este libro, el lector podrá descubrir cómo llegar al éxito propio y al de sus equipos, partiendo desde la estructura de la empresa, su ambiente y las posibilidades de esta.

Según la RAE, el significado de ÉXITO es "el resultado, en especial feliz, de una empresa o acción emprendida, o de un suceso". Para alcanzarlo hay dos formas: una rápida, con poco aprendizaje y conseguida gracias a factores casuales; la otra, pasando por todos los procesos y aprendiendo de ellos. Este segundo, que no depende de la levedad del azar, sino de la acumulación reflexiva sobre las experiencias vividas, es el que aporta los conocimientos para influir en el futuro estratégico de una empresa y ampliar sus posibilidades de éxito.

Con el método desarrollado por Silvia García Pérez, comprobará que se puede lograr que ciertas personas de su organización consigan mayores éxitos, incluidos los personales, gracias a conocer en qué posición de la empresa están, cuál es su valor, qué papel desarrollan en su estructura organizativa y lo que se pide de ellas.

Crear una estructura de personas fuertes, en lo profesional y personal, es la base fundamental, los cimientos, para después poder llevar a cabo sus labores diarias con la máxima eficiencia. Conocer modelos de trabajo, disponer de las herramientas e ideas para que su intervención en la empresa sea más influyente son los mejores caminos para alcanzar esas aspiraciones, tan imprescindibles en cualquier empresa moderna.

Esta herramienta desarrollada por Silvia García, y que el lector encontrará en este libro, es una pirámide que nos llevará desde donde estamos hasta actualizar organigramas y definir objetivos con otra mirada.

Si busca cómo influir en la estructura de su empresa y cómo hacer crecer el liderazgo natural de las personas, este es su libro, que le invito a leer con entusiasmo, aceptando que tal vez no todo es como creía y que es hora de cambiar para llegar al éxito.

Einstein dejó escrito que si aspiras a obtener resultados distintos es imprescindible no continuar haciendo las mismas cosas. Hay que cambiar. Y hacerlo con organización, método y disciplina.

Ricardo Céspedes García
Director Comercial de *La Voz de Almería* y
Cadena SER.

Introducción

Objetivo de este libro

Deseo que al aplicar estos aspectos aumente tu bienestar en la empresa, como tantas personas ya lo han experimentado. Gran parte de nuestra vida transcurre en las organizaciones; hoy más que nunca merece la pena diseñar ambientes de éxito que influyan en nuestra calidad de vida profesional y personal.

En los capítulos 1 y 2 trabajaremos sobre los tres primeros niveles de la pirámide: **la estructura del éxito**. Probablemente sea la fase más compleja de esta herramienta, ya que requiere de una minuciosa definición de cada una de sus partes. Pero una vez actualizada esta etapa, notarás que el clima cambia y hay más energía en el ambiente.

También encontrarás modelos de trabajo, con los pasos que yo sigo cuando trabajo acompañando a una empresa. El tiempo estimado en una empresa para actualizar estos niveles puede ser de uno a tres meses. Si programas esta actualización distribuyéndolo en semanas, te resultará muy fácil incluirlo en el día a día.

Los capítulos 3 y 4 contienen herramientas y recursos para que tu intervención en la empresa sea más influyente y favorezca el crecimiento interno. Las leyes sistémicas que rigen las organizaciones y las cuatro miradas que todo líder debe desarrollar, serán dos grandes aliados para **diseñar ambientes de éxito** y desarrollar el potencial interno de la empresa.

En el capítulo 5 encontrarás recursos que puedes aplicar a nivel personal —una persona que cuenta con herramientas y recursos internos sabrá liderar mejor cada intervención que haga en la empresa desde su puesto— así como pautas sobre cómo es el proceso de desarrollo en una empresa.

He incluido ejemplos en los que he colaborado como consultora, y que espero te ayuden a integrar cada uno de los recursos.

Sentir la empresa

Como consultora me relaciono con empresas cada día. Uno de los momentos más importantes en nuestra relación es *el primer contacto*. Es un momento donde se pueden percibir muchos aspectos de la organización a nivel emocional e inconsciente: su potencial, su estado de ánimo, su enfoque, incluso sus principales recursos internos.

Aprendí esta forma de "sentir" la empresa mientras me formaba como *coach* integrativo y sistémico; aprendí a percibir sensaciones cuando entraba por primera vez en una organización, sin ponerles nombre. Hoy sigue siendo una gran herramienta para mí, y procuro retener esa sensación hasta que los datos comienzan a aparecer para darle sentido.

Un método para comprender la estructura de tu empresa

Tiempo después, diseñé una herramienta gráfica que he llamado **"pirámide de la excelencia",** que me ayudaría a analizar la estructura de una empresa y las actualizaciones que necesitaban cada uno de sus niveles. Al principio surgió como una hoja de ruta y un método muy eficiente para crear programas de desarrollo profesional para la empresa.

Meses más tarde comprobé la importancia de que los equipos también aprendan a verse en la pirámide, y comprendieran cómo afectaba su funcionamiento en el resto de la organización. A medida que aumentaba el nivel de consciencia, había más predisposición para trabajar en su propio liderazgo, y se convirtió en la herramienta de base con la que acompaño a cada empresa.

Era tan fascinante lo que producía en las personas, que decidí compartir nuestra herramienta, la "pirámide de la excelencia", a través de charlas y talleres. Hoy en día, cientos de profesionales han asistido a estas conferencias con el objetivo de aprender a verse desde otra perspectiva en su sistema organizativo y en su puesto. Los comentarios al finalizar son muy emocionantes: "ahora comprendo las actitudes de algunas personas, ahora sé por dónde empezar a trabajar". Se nota comprensión en sus miradas.

El siguiente paso ya lo conoces; tienes en tus manos este libro porque un día soñé que todos podíamos construir empresas donde diseñar ambientes de éxito fuera solo el principio de un mundo de posibilidades.

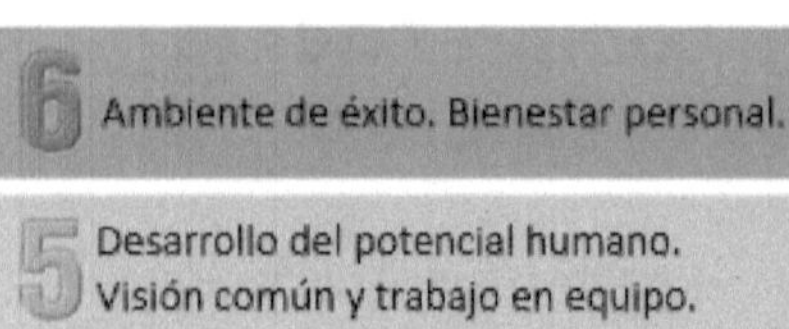

¿Dónde comienza el éxito de una empresa?

Este libro habla de éxito, y este término puede tener millones de interpretaciones, todas igual de válidas. Pero estarás de acuerdo conmigo en que el verdadero éxito surge desde el interior.

- El éxito **comienza** en el foro interno de una empresa, no en el exterior.

- Para que una empresa aumente sus posibilidades de éxito, tiene que lograr **maestría** en alguna materia. Ser expertos en algo.

- El éxito es amoroso, no competitivo. Se forja en los detalles y la excelencia diaria.

Son muchas las empresas que han dejado pasar años sin conectar con sus posibilidades de éxito, porque el día a día no les permitía salir de lo urgente. Esa es una forma triste de existir.

Otras, en cambio, decidieron salir de la inercia y explorar su mejor versión. Y hoy disfrutan de un ambiente de éxito, aprovechando cada año las posibilidades que ofrece el entorno.

> "El éxito siempre te pedirá la mejor versión de ti mismo".

Descubre las posibilidades reales de éxito en tu empresa

Seguramente tú, como tantas personas, sientes que tu equipo tiene recursos para estar en otro nivel. Eso es algo que se intuye, aunque no siempre sepas cómo llegar a él. Si estás leyendo este libro es porque deseas conectar con ese potencial que tiene tu organización, y estás dispuesto a buscar nuevas herramientas que te ayuden a transformar cada reto en una oportunidad.

El primer reto que debe conquistar todo líder es el de bajar el ruido mental y aprender a escuchar lo que le dice la estructura de su organización. En ella se encuentra toda la información necesaria sobre el potencial no explorado, las áreas de mejora y las nuevas posibilidades que existen.

Pero hay que aprender a descifrar esos síntomas que aparecen en la estructura, porque a veces un síntoma en una parte nos está indicando que es necesario intervenir en otra. La "pirámide de la excelencia" nos enseña a comprender la estructura y a actuar de forma eficiente en ella.

> "Quizá el mayor reto de una persona sea apartar el ruido mental y aprender a **ver** las posibilidades reales que tiene a su alcance".

Las posibilidades de éxito de una empresa están directamente relacionadas con la calidad y el orden de su estructura, la energía disponible para nuevas estrategias y el conjunto de capacidades de las personas que la integran.

Imagina que estás frente a tu nuevo hogar por primera vez. Tras varios años visualizándolo, plasmándolo sobre planos y acompañando cada detalle de su obra, por fin puedes entrar a vivir en tu casa. Al abrir la puerta encuentras todo en perfecta armonía, orden en su distribución y en cada espacio. Es fácil saber dónde buscar cada cosa porque planeaste hasta el último detalle, la estructura de la vivienda es firme y con acabados muy elegantes, es un lugar seguro y agradable donde habitar. Ahora solo queda llenar de planes tu vida y disfrutar dentro de ella.

Ahora imagina que tu vecino no tuvo la misma suerte que tú. Contrató a un equipo de dirección de obra menos experto, y además contaba con poco tiempo para la misma. El diseño de la vivienda fue improvisado y la ejecución de obra vino acompañado de varios disgustos, pero por fin, igual que tú, está listo para entrar a su nueva casa.

Ambos vecinos se encuentran frente a su nueva vivienda, ambos con sensaciones muy diferentes, y ambos tendrán posibilidades distintas a partir de ahora dentro de ellas.

Las posibilidades de éxito y expansión han sido diferentes en cada uno de nuestros protagonistas, y probablemente lo seguirán siendo. Esto también se puede percibir en una organización observando su enfoque, sus capacidades, sus planes y la forma de ejecutarlo. A partir de esa mirada observadora, es cuando una persona puede empezar a influir en la organización.

Entonces, ¿se puede influir en las posibilidades de éxito de una empresa? Definitivamente sí; independientemente de las circunstancias, una empresa puede encontrar la forma de influir cada año en su propio desarrollo, aumentando sus posibilidades de éxito. De hecho, son muchas las pequeñas y medianas empresas que, cuando más crecieron, fue cuando se vieron en serias dificultades. Esto ocurrió porque utilizaron todos sus recursos creativos para abrir nuevos caminos.

No es necesario esperar una crisis o verse en apuros; merece la pena comenzar a expandir ese potencial desde hoy. La herramienta que te presento en este libro surge de la necesidad de encontrar una forma rápida y sostenible de **influir** en una empresa y **ampliar** sus posibilidades de éxito.

Antes de introducirnos en la herramienta principal y desarrollar el método que te propongo, permíteme diferenciar estos tres conceptos: estructura del éxito, ambientes de éxito y posibilidades de éxito, ya que tienen matices importantes para que elijas tu forma de abordarlos.

La estructura del éxito de una empresa es aquella que aporta orden y dirección a todas las personas que la integran. Se basa en la coincidencia entre la definición formal de los principales componentes de la empresa (organigrama, definición de puestos, definición de objetivos) con la forma en que cada persona percibe estos elementos. Es decir, coincide lo que está definido y la forma real de relacionarse cada una de esas partes.

Ejemplo: *una empresa donde todos saben cuál es su lugar, conocen sus funciones y comparten objetivos comunes.*

Un ambiente de éxito se refiere a la forma en la que se relacionan todas las partes de una empresa y el resultado emocional que surge de esa relación. Contar con una estructura de éxito es el primer paso para que "surja un ambiente de éxito". Para las personas es más fácil relacionarse y llevar a cabo su trabajo porque hay orden y definición en la empresa, se deja atrás el sobresfuerzo diario para lograr tareas coordinadas, disponen de más energía para atender lo diario y resolver imprevistos. El ambiente es ligero, fácil y propicio para que las cosas salgan bien siempre.

Ejemplo: *una empresa donde comparten objetivos y la comunicación es fluida. Todos tienen en cuenta la excelencia, la coordinación y conocen sus prioridades.*

Las posibilidades de éxito de una empresa se ven influidas directamente por los dos puntos anteriores, además de la influencia del entorno, las estrategias y las nuevas capacidades que los miembros de la empresa adquieren en cada etapa.

Ejemplo: *una empresa que está en contacto con su entorno y las nuevas necesidades de este, que sabe crear estrategias para unir su producto o servicio con las necesidades del mercado. Otra de sus características es que tiene una excelente capacidad de comunicación e influencia. Sabe transmitir su mensaje y tiene capacidad de influir en su entorno.*

De estos tres puntos mencionados, los dos primeros hacen referencia al modelo interno que una empresa incorpora para crear esas condiciones en su funcionamiento, es decir "su mayor éxito posible", mientras que el tercero es la forma en que una empresa se relaciona con su entorno y las posibilidades externas que es capaz de aprovechar con su cultura y estructura interna.

Sin duda son tres procesos que se alimentan continuamente, pero como muestra en la imagen, la **estructura** es el proceso que tiene mayor influencia en este sistema y es muy importante mantenerla actualizada. De esta forma te aseguras de que contarás con el orden y energía necesaria para ir a por nuevas posibilidades de expansión o posicionamiento de tu empresa en el mercado.

Intervenir en el lugar preciso, cuidando la estructura

Cuenta una historia —que seguramente ya conoces— que un famoso fontanero fue llamado al palacio del rey para arreglar una avería en la tubería del baño de su habitación.

Habían ido varias personas antes, pero lejos de arreglar la avería lo que habían conseguido era destrozar paredes sin dar con el problema. Nuestro protagonista era conocido por ser muy **sabio** y ecuánime, además de por su destreza profesional. Así que todas las expectativas estaban puestas en él.

Al llegar al palacio los asistentes lo guiaron hacia la habitación del rey, todos ellos muy extrañados por su relajada presencia en el palacio. El fontanero, *"lejos de distraerse"* en los detalles del palacio, **examinó** la situación durante diez minutos desde diferentes ángulos (izquierda, derecha, arriba, abajo) hasta que finalmente dio un fuerte martillazo en un punto de la tubería y arregló la avería.

Entregó inmediatamente su factura por 10.000 €, y los súbditos del rey exclamaron escandalizados: "¿De verdad crees que diez minutos de trabajo cuestan 10.000 €?". A lo que nuestro sabio fontanero respondió: *"Me llevó toda una vida aprender a intervenir en el lugar preciso y en el momento adecuado, sin dañar la estructura, y eso tiene este valor".*

Mi mayor deseo al escribir este libro es que descubras al sabio que llevas dentro, y que puedas abordar cada situación en tu empresa como nuestro agraciado fontanero.

Mi promesa es que después de leer esta obra, tendrás una guía para comenzar a actuar de forma ordenada y con la precisión de un experto en la estructura de tu empresa. Aprenderás a distinguir los síntomas y el origen de un problema, y contarás con un mapa que te ayude a intervenir en el nivel adecuado.

Espero también que aproveches esta guía para conocerte mejor. Cada herramienta nos ayuda a conocer un poco más, nuestras creencias y comportamientos automáticos.

Capítulo 1
Cómo influir en la estructura de una empresa

Aprender a influir en la estructura de una empresa es un arte. Muchas veces es un proceso de transformación personal a la vez que empresarial. Necesitarás conectar con recursos internos que ni siquiera sabías que tenías, tener a mano herramientas que te ayuden leer de forma diferente el mapa de tu empresa y convertirte en un experto en transformar los obstáculos en recursos.

¿Qué es la estructura del éxito de una empresa?

La estructura del éxito de una empresa es el orden y dirección que se le da a un sistema organizativo para que, de forma natural e intuitiva, cada persona reconozca su puesto y lo que la empresa espera de ella, con el fin de conseguir los objetivos de expansión o posicionamiento que se plantean cada año.

Con la herramienta "pirámide de la excelencia" vamos a comenzar a analizar la estructura de la empresa desde los niveles inferiores, y también veremos cómo intervenir en las áreas que necesitan atención.

¿Por qué empezar desde su estructura?

Porque cuando hay problemas en la estructura, estos provocan síntomas en el sistema, en forma de actitudes, falta de enfoque y conflictos, y estos afectan en las relaciones, aunque no tengan su origen allí.

Muchos profesionales buscan solucionar estos síntomas abordando los conflictos relacionales, cuando el origen del problema está en la estructura, y no consiguen cambios sostenibles. Es más efectivo comenzar a actuar en el origen.

Ejemplo: un claro ejemplo de ello es la desmotivación. Piensa en una empresa cuyo factor común sea la desmotivación, imagina la actitud de las personas de atención al público con este síntoma, visita mentalmente otros departamentos como administración o producción e intenta percibir imaginariamente su desmotivación.

El 90 % de las empresas que me solicitan una intervención en consultoría, *coaching* o formación con respecto a este tema, comparten un mismo disparador del síntoma: no cuentan con objetivos claros de actuación, y si los hay no se han informado correctamente al equipo.

Si como expertos aportamos herramientas de motivación, sin darnos cuenta de que no hay un objetivo común **hacia el que dirigir la motivación,** al cabo de unos días el síntoma volvería a aparecer con un agravante: *uno cree que ha puesto medios para resolverlo, pero aun así las personas no quieren motivarse. Cuando lo que ha ocurrido en realidad es que no ha sido el medio adecuado y eso podría afectar aún más las relaciones.*

> "La desmotivación es solo el síntoma de que no hay
> un objetivo claro al que seguir".

Te invito a comprender la estructura de un sistema empresarial desde este modelo y a intervenir de forma influyente en él. Descubrirás que a partir de la intervención en las dos primeras etapas de la pirámide ya se pueden observar grandes cambios, y un alto porcentaje de situaciones vuelve a su estado de equilibrio. Esta es una herramienta sencilla de entender, pero lleva su tiempo ponerla en práctica y requiere el desarrollo de unas aptitudes específicas por parte de la persona que lo llevará a cabo.

Ejercicio: apunta en una libreta al menos tres áreas en las que te gustaría llevar al siguiente nivel a tu empresa. Defínelo usando verbos específicos. Por ejemplo: aumentar ventas del servicio X en un ...%, mejorar la comunicación entre el departamento de ventas y el de administración, reducir errores en el proceso de producción. Si el tema a abordar tiene que ver con una persona, nómbralo así: mejorar el desempeño en el puesto de ... (nombra el puesto, no a la persona).

Cómo usar la "pirámide de la excelencia"

Para actualizar cada nivel de la "pirámide de la excelencia", vamos a pasar cada tema por el siguiente proceso de evaluación. Los conceptos que verás aquí ya son conocidos para ti y tu opinión podría ser: "vaya, si eso ya me lo sé". ¡Ese es justo el momento en que más atención tienes que poner, pero desde otra mirada!

Las áreas donde más distorsiones se producen en la empresa son justamente **las más conocidas** para nosotros, porque actuamos desde un nivel de consciencia que produce resultados muy pobres. Este proceso te ayudará a actualizar cada nivel de forma eficiente, y que cada intervención que realices sea desde un nivel de consciencia más completo, para que las acciones sean eficientes.

El proceso de evaluación es el siguiente:

1. Conozco el tema.
2. Tengo el tema definido y guardado en una carpeta en un lugar accesible.
3. Además de tener el tema definido y guardado, las personas implicadas en él también lo conocen.
4. Este tema está actualizado, tienen copias del mismo todas las partes implicadas y lo mantenemos presente en nuestra empresa.

   Lo ideal es que actualices cada nivel de la pirámide con los criterios del punto 4.

Ejemplo 1:

1. Son muchas las empresas que se ocupan del día a día sin definir un objetivo común.
2. Algunas los definen, pero esos objetivos solo los conoce la dirección y no obtienen el compromiso de sus equipos.
3. Hay empresas que comparten con sus equipos los objetivos cada año, y consiguen mejores resultados.

4. Existen empresas que además de definir y comunicar sus objetivos, mantienen actualizada esta información a través de pantallas, *e-mails* y en sus reuniones periódicas.

Ejemplo 2:

1. Son muchas las empresas que no tienen una definición de puestos redactada.
2. Algunas los definen, y solo conoce esta información la dirección.
3. Hay empresas que definen los puestos de trabajo y se lo comunican a su equipo.
4. Existen empresas que, además de definirlo, acuerdan pautas anuales para el puesto con cada persona, en una reunión donde cada uno tiene una copia por escrito.

Recuerda realizar cada paso con los criterios del punto 4.

Actualizar nivel 1 y 2 de la pirámide

Actualizar organigrama, objetivos, definición de puestos y corregir posibles desvíos.

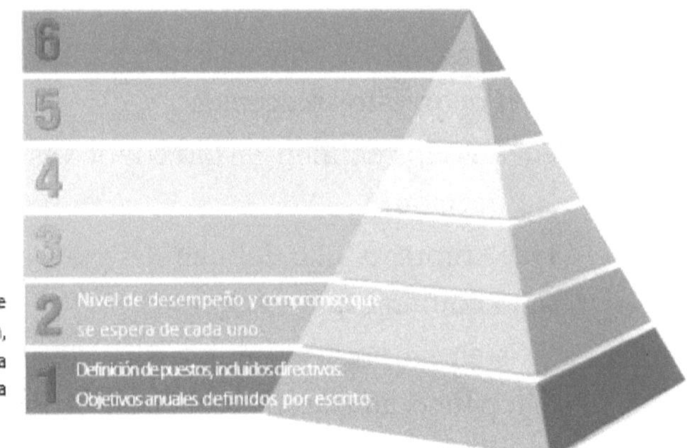

Cómo comenzar:

Lo primero que te sugiero es tener a mano folios en blanco y un bolígrafo. Utilizaremos en cada nivel el proceso de evaluación que definimos en el apartado anterior, para comprobar que cada vez que influyes en un área de la empresa, actualizas esta información en tu organización.

Actualizar el organigrama formal y natural

Dibujar

Comenzaremos **dibujando** el organigrama de la empresa, incluso si ya está definido. Pon a prueba tu mente y dibújalo ahora; luego comprueba si coincide con el que ya tienes.

El organigrama es la primera representación gráfica de la estructura de una empresa. Empezar por este sencillo ejercicio de autoobservación te ayudará a identificar qué áreas coinciden en la estructura formal, y en la forma en que se relaciona la empresa. Con este ejercicio vamos a investigar en qué áreas podría haber alguna laguna o distorsión, incluso si ya está definida.

Observar y preguntar

- Observa en qué áreas de la imagen hay algo diferente a lo que se percibe diariamente. ¿Qué es? ¿Cómo podrías describirlo en una frase?

- ¿La imagen que ves muestra orden y coordinación?

- Observa los puestos de trabajo. ¿Coinciden las funciones definidas con las que realiza cada persona?

- ¿Existe una relación lógica entre sus partes? ¿Hay departamentos más sobrecargados que otros?

Algunos aspectos de un organigrama saludable

- Departamentos coordinados por sus responsables (algunos responsables no asumen su rol de coordinador, anteponiendo sus tareas diarias).

- Autoridad formal representada en el gráfico y en la realidad (en algunos casos, los responsables han asumido mucha más responsabilidad de lo que representa el puesto).

Ejemplo 1, empresa familiar: recuerdo una empresa familiar en la que colaboré. Habían pasado por muchas pruebas en su trayectoria y el equipo había sido un pilar fundamental en los momentos difíciles. La gratitud y la confianza eran valores intrínsecos en ella.

Uno de los principales **errores** que se cometen en las organizaciones, es que **se premia con ascensos** el buen hacer de las personas, pero eso no siempre es una decisión adecuada. Un ascenso solo se debe dar si la persona reúne las capacidades que el puesto requiere y se le ha formado para su transición.

En esta empresa se había ascendido a una persona a responsable de área por su lealtad a la empresa, pero no lograba encajar en sus nuevas funciones, no contaba con las aptitudes necesarias para ese reto. Pocos meses después fue surgiendo un líder natural en el grupo que compensaba esa carencia y esto se vivía como un conflicto con el anterior.

En una de las sesiones de consultoría hablamos de que el segundo personaje de esta historia contaba con esas capacidades, que se podía actualizar el organigrama para funcionar de una forma más eficiente, pero la lealtad al primero era alta y había que respetarlo.

Un día pasó algo muy curioso. Teníamos reunión con el equipo directivo y dibujamos en la pizarra el organigrama deseado, olvidando borrarlo. Ese mismo día se reunió todo el equipo (incluido la persona ascendida y sus compañeros) en la sala, asumiendo con normalidad lo que allí había dibujado, ya que era un secreto a voces. Desde ese día se respiró un aire más ligero, y el equipo fue integrando la nueva estructura, pero sobre todo comenzó a percibirse coherencia entre lo definido y la forma de actuación.

"Para que haya enfoque en la tarea y los objetivos, es necesario que coincida la estructura definida con la forma en que se relacionan sus partes cada día".

En este caso, el director de ventas contaba con menos aptitudes para el puesto, y en el equipo había una persona que reunía capacidades para ello. Era necesario actualizar la estructura. El acompañamiento en esta transición debe ser muy cuidadoso con ambas partes. Ambos eran importantes en la empresa.

Ejemplo 2, empresa con sucursales: esta primera etapa también fue de mucha utilidad en otra organización en la que colaboré como consultora y formadora. Era una empresa con varias sucursales. En la segunda reunión para diseñar el programa de desarrollo empresarial les pedí ver el organigrama. Al momento comprendí que el caos con el que se vivían los datos era por esta estructura; se perdía el flujo de información por no tener un organigrama interconectado entre delegaciones.

El primer paso del trabajo con el equipo directivo fue diseñar el organigrama y el cuadro de mandos. En cada sucursal se asignó un delegado, que a su vez se comunicaría con el responsable de sucursales.

Este simple gesto devolvió a todos una sensación de tranquilidad, porque ya sabían cómo iba a transmitirse la información y los responsables afirmaban que ahora podían hacer un seguimiento real y eficiente. El síntoma que se vivía anteriormente era de desconfianza, ya que no se llegaba a establecer una comunicación real con cada delegación y producía mucho descontrol. Y la solución estaba en la estructura.

Ejemplo 3, asesor comercial no cumple procesos internos: trabajé con un equipo que necesitaba aprender a coordinarse. De forma individual eran excelentes profesionales, pero se duplicaban muchos procesos y no llegaban a coordinarse por el exceso de individualismo.

En la primera sesión de *coaching* les pedí que definieran su puesto en un folio en blanco, para verificar que era lo que ellos percibían como sus funciones y tareas. También les pedí que dibujaran el organigrama de la empresa y se situaran en él.

Fue muy curioso observar a una persona que tenía un currículum brillante como comercial, pero que se negaba a trabajar en equipo. Durante la dinámica tomó consciencia de que no sabía dibujar el organigrama y mucho menos situarse en él. Era la primera vez que veía la magnitud de su actitud en el puesto, nunca había tenido una percepción global de la empresa y mucho menos de su lugar en ella.

Fue una excelente ocasión para comenzar un proceso de *coaching* con ella y mejorar ese aspecto en su área personal.

Definir los objetivos anuales y por etapas

Definir objetivos reales en una empresa es una tarea compleja. Puede parecer una tarea rutinaria en una época del año, pero la verdad es que en muchas organizaciones se siguen definiendo por inspiración, por impulso o por supervivencia.

Por inspiración: se suelen definir de manera soñadora sin tener en cuenta las posibilidades reales de la empresa. Por lo general son objetivos muy altos que no se acompañan de un plan estratégico que los respalde, se abandonan el primer trimestre o causan mucha frustración.

Por impulso: se definen con un toque de autoridad y ambición, definiendo cifras que "se sabe deben alcanzarse" según su visión, pero sin acompañar con planes. En este caso hay una distancia emocional entre lo que se piensa que se debe alcanzar y la realidad. En algunos casos que conocí se señalaba al equipo como responsable, pero en realidad nunca existieron esas posibilidades.

Por supervivencia: se definen contemplando los gastos que hay que asumir para "aprobar" el año. Suelen venir de perfiles conservadores que temen soñar alto por la frustración. Son empresas que se mantienen, pero no suelen crecer a menos que las circunstancias se vuelvan a su favor.

Cómo definir objetivos para influir en el posicionamiento y expansión de la empresa

Te propongo definir tus objetivos empresariales desde una mirada amplia, objetiva y retadora. Es importante tener un toque de locura en la visión y poner todo el corazón a la hora de definir la misión. Pero si vas a definir objetivos anuales, mi propuesta es ser realista y asegurarte de que estás teniendo en cuenta la situación actual de tu empresa y sus posibilidades reales.

La manera en que trabajo en esta etapa es en cinco pasos, para que sea fácil a directivos y demás personas de la empresa integrar los objetivos como suyos. Este método también es aplicable para empresas unipersonales.

Paso 1

Define el objetivo económico según los criterios que sueles utilizar (ventas, rentabilidad, facturación, etc.). Te invito a observar con cuál de los tres perfiles anteriores sintonizas; si en esta etapa buscas crecer, sobrevivir o incorporar nuevas líneas, te ayudará conocer tus preferencias automáticas personales.

Paso 2

Ahora elige tres criterios para definir los objetivos internos que te impulsen a conseguir el económico. Los objetivos estratégicos son un mapa que nos indica la ruta a seguir para llegar a una meta. Los objetivos internos son los que indican el tipo de hábito o comportamiento que hay que ejecutar para influir en los resultados.

Los criterios con los que suelo trabajar para definir objetivos internos son:

- Excelencia o error cero en los procesos.
- Comunicación interna y externa de la empresa.
- Coordinación de equipo, desarrollo de equipo.
- Mejora del desempeño.
- Para definir esos tres objetivos internos puedes preguntarte:

¿Cuáles son los principales obstáculos que hay hoy, en el día a día de esta empresa? ¿Qué nos frena para conseguir los objetivos que planificamos cada año? ¿Cuáles son nuestros principales aliados internos para conseguirlo?

Realiza una lista de los principales obstáculos internos, y otra de los posibles objetivos internos que te ayudarán a llegar a los principales objetivos estratégicos. Luego elige los tres más influyentes: una empresa solo puede enfocarse cada año en dos o tres objetivos.

Paso 3

Ahora, teniendo en cuenta los tres o cuatro objetivos que tienes definidos, divídelos en etapas, trimestres, campañas, según tu modelo de negocio. En mi caso suelo dividirlos en trimestres; es un periodo de tiempo en el que tengo una mayor influencia sin presión. Incluye en cada trimestre el económico y los internos.

Define en cada etapa los tres escenarios posibles con respecto a tus objetivos: lo mínimo que podemos conseguir, lo aceptable y lo máximo a lo que aspiramos como resultado.

Paso 4

Una vez definido por trimestre o etapa, comienza a definir los objetivos de tarea mensuales globales y por área. Descubrirás que es muy fácil integrar objetivos de crecimiento o mejorar en el día a día si se hace distribuyendo los planes de esta forma.

Paso 5

Defínelos con las personas implicadas, o asegúrate de que todos tengan una copia escrita de los planes y que sepan exactamente lo que se espera de ellas y de su departamento.

Modelo de planificación

Objetivo económico anual		
Criterios para objetivos internos.	1° 2° 3°	
Objetivos primer trimestre.	Objetivos segundo trimestre.	
Objetivos tercer trimestre.	Objetivos cuarto trimestre.	
Lo mínimo que podemos conseguir.	Lo que sería aceptable conseguir.	Lo máximo que aspiramos conseguir.

"Las personas se comprometen con objetivos de los que se sienten parte y en los que encuentran una motivación personal".

¿Cómo podría una persona sentirse involucrada, si solo recibe tareas sueltas para realizar y no conoce el plan?

Definir puestos de trabajo, incluyendo nivel de desempeño y actitud

Con la definición de puestos ocurre lo mismo que con el organigrama: es un documento de gran valor pero que pocas veces se actualiza, y son muchas las veces que los roles "naturales inconscientes" comienzan a adueñarse de funciones que no son suyas, o por el contrario a excluir funciones de su puesto que no son tan agradables para ellos.

Veamos este sencillo ejemplo, para definirlo.

Puesto:

Nombre de la persona que ocupa su puesto:

Funciones (nombra las responsabilidades propias del puesto, aunque no realice la tarea directamente):

Tareas:

Desempeño esperado para el año:

Actitud esperada para el año:

Para definir o actualizar el puesto, es importante que ya esté actualizado el organigrama y definidos los objetivos anuales. En los cuatro primeros puntos de la plantilla se define lo relacionado con el **puesto**, los dos últimos hacen referencia a lo que se espera de la **persona** en ese año y con respecto a los objetivos de la empresa.

Roles naturales inconscientes: las personas ocupamos puestos dentro de una organización. De cada puesto se necesita una serie de tareas y actitudes para el buen funcionamiento de la compañía. Cuando no hay una definición de puestos o no se tiene en cuenta la existente, los roles naturales de las personas empiezan a ocupar ese lugar, provocando a veces conflictos.

Ejemplo: la persona "A" es recepcionista en una empresa; su trabajo es la recepción de clientes, proveedores y atención telefónica. Además, tiene asignadas dos tareas de administración que completan su jornada. En su vida personal se define como una mujer sincera y resolutiva, pero en los últimos meses su aptitud natural resolutiva ha influido negativamente en su puesto, asumiendo más funciones de las que tiene asignadas y provocando el descontento de algunos compañeros y clientes. Su coordinador ha establecido una serie de reuniones con ella y juntos han actualizado sus funciones y desempeño esperado para ese puesto; los resultados están siendo muy satisfactorios para ambos.

Cómo comunicarlo al equipo

Reunión anual

Lo primero que haremos será una reunión de equipo donde se planteen los objetivos anuales y por etapas de la empresa. Las personas se involucran en los planes si se los hace parte de ellos, así que los objetivos de la empresa deben estar a la vista de todos (pizarras, pantallas, etc.) y asegurarte de que cada persona tiene su copia de los mismos. Es imprescindible si ha habido una actualización o reforma del organigrama que también esté visible en algún lugar de la empresa.

Entrevista individual

El siguiente paso es la entrevista individual; en ella se entregará a cada miembro del equipo su definición de puesto, comprobando juntos si están todas las tareas asumidas en la acción, y si no, se deberá actualizar lo que haga falta.

La fase más importante en esta reunión es describir a la persona de forma clara y precisa el desempeño y actitud esperado para este año. Las personas agradecen cuando se les comunica de forma neutra y transparente qué se espera de ellas. Es importante que te enfoques en definir lo que sí esperas en desempeño y actitud, sin caer en juicios o críticas pasadas. Tampoco utilices palabras ambiguas o genéricas que no dicen nada. Si en actitud es, por ejemplo, que dejes tu móvil en la taquilla hasta salir del trabajo, escríbelo así. Te sorprenderá lo fácil que se eliminan ciertos hábitos cuando se comunican de forma asertiva.

Ejemplo: trabajé con un responsable de un equipo de veinte personas. Las diferencias de carácter de los miembros del equipo y la falta de metodología hacía que no supiera por dónde empezar a ordenar la estructura. Comenzamos por definir organigrama, objetivos y definición de puestos. Durante dos meses fuimos definiendo cada parte, y eligiendo los objetivos internos que más influirían en el económico que se quería alcanzar, aunque en esta compañía lo más importante era ordenar la estructura interna.

Cuando llegó el momento de definir cada puesto, le sugerí hacerlo de esta forma: "Entregar una plantilla en blanco a cada persona, explicando cómo se completaba, y luego verificar si lo que el responsable tenía coincidía con lo que el colaborador percibía de su puesto". Aquí encontramos las primeras lagunas; había tareas que las personas no reconocían como suyas. A partir de este sencillo método se involucró a las personas en el proceso de comprobar la estructura, y se actualizó junto a ellos las áreas seleccionadas.

Al llegar a los dos puntos finales, desempeño y actitud esperada para este año, comprobé que le costaba mucho hacer una observación neutra y directa, y **este apartado** es justo el que se **dirige a la persona;** aquí no conviene un lenguaje genérico. Comenzamos a redactarlo juntos, teniendo en cuenta que una vez llegado a esta etapa de la entrevista se requiere liderazgo.

¡Lo que ocurrió después de la reunión grupal e individual en su empresa fue fantástico! Se había logrado una visión común de lo que se quería alcanzar, cada persona tenía claro lo que representaba su puesto y lo que se esperaba de ella para ese año, y lejos de provocar malestar, el cambio mencionado en desempeño y actitud les pareció fácil de asumir; en dos meses se percibieron grandes cambios internos.

Aún recuerdo el rostro del responsable de equipo, contándome con sorpresa el buen resultado obtenido. Había ganado mucha confianza, pero sobre todo había conocido un método que unifica la visión de un equipo. Había aprendido a comunicar de forma asertiva lo que esperaba de cada persona, y lo había conseguido.

Algunos ejemplos de Desempeño esperado:

- Que entregues tus partes de trabajo antes del día 28 a administración, con letra legible para facilitar la labor de tus compañeros.

- Que tomes todos los datos de cliente que solicitan en el programa, cuando realizas un presupuesto.

- Que continúes trabajando con esa excelencia a la hora de resolver reclamaciones de clientes.

- Que comuniques a tu equipo las actividades de la semana cada lunes, para que trabajen de forma autónoma y no dependan únicamente de tus indicaciones.

Algunos ejemplos de Actitud esperada para este año:

- Que llegues a tu puesto de trabajo cinco minutos antes.

- Que mantengas la concentración y permanezcas en silencio, sin distraer a tus compañeros de área con conversaciones de calle.

- Que no hables a clientes de los errores internos.

- Que mantengas esa iniciativa por aprender nuevos aspectos de tu trabajo.

- Que abordes los problemas en el equipo en vez de crear subgrupos.

Actitudes que debes evitar en la reunión individual:

- Describir y hablar desde crítica y juicio personal.
- Dar vueltas con palabras genéricas y no decir nada concreto.
- Utilizar halagos antes de expresar lo que se espera para ese periodo.

El primero genera autoprotección en la otra persona y ofrecerá resistencia al cambio; enfócate en hechos, tareas o procesos y describe lo que quieres que haga y cómo quieres que lo haga.

El segundo suele dirigirse a la moral, pero no deja claro qué parte de la tarea o actitud necesita una actualización. Parece una conversación muy nutritiva, pero al finalizarla nadie sabe exactamente qué se espera de él en hechos.

El tercer error es muy común; los halagos y rodeos para expresar una petición de la empresa ocurren por falta de liderazgo en la comunicación. La falta de coherencia entre el clima de la reunión y el contenido también provoca necesidad de autoprotección en la persona que escucha.

Prepara por escrito este apartado. Asegúrate de que sea una frase con verbos específicos, que contenga una petición y que sea una acción fácil de llevar a cabo.

Errores comunes en los niveles 1 y 2 de la pirámide

1. Definir objetivos demasiado rápido y sin analizar la situación de forma objetiva

Mientras más preciso sea un diagnóstico, más acertada será su solución. En la empresa convivimos con problemas que se han convertido en compañeros del día a día. Los hemos integrado en la cultura empresarial y puede ser difícil darse cuenta de que ahí está la solución.

Cuando la empresa contrata a un consultor externo para diagnosticar en esta etapa es mucho más sencillo, porque su mirada neutra detecta muy rápido las disfunciones internas.

Pero no siempre podemos contar con ello, y en ese caso suelo utilizar el método del quinto borrador.

El quinto borrador: se trata de escribir un primer borrador sin pensarlo mucho, es decir, volcar en papel o pantalla lo que sale en primera instancia. Dejarlo unos días y luego hacer la primera revisión del contenido, y así hasta la quinta revisión. Es un método fácil y exige menos perfección que si pretendes hacerlo de forma coherente desde la primera vez. Este método es el que utilizo cuando no cuento con una mirada exterior que me dé su punto de vista.

Algunos objetivos internos, que son comunes a muchas organizaciones son:

- Mejorar la comunicación entre personas y departamentos fomentando la cooperación.
- Mejorar la coordinación entre personas y departamentos para conseguir excelencia en el flujo de la información y en los procesos.
- Asegurarse de que cada persona sabe realizar sus funciones y ha aprendido a medir sus resultados.
- Asignar un método de comunicación interna fluido y continuo.

Abordar estos aspectos ayuda a que la empresa gane tiempo, eficacia y energía para comenzar a crear planes de posicionamiento o expansión. Como propone esta herramienta, primero hay que ordenar y corregir lo interno para lanzarse a la aventura.

2. Actualizar la estructura y no comunicarlo a las personas de la empresa

La empresa es un sistema interconectado, todos dependen de alguna manera de todos. La calidad de la información es tan importante como las propias actuaciones que se realizan en la estructura.

Actualizar una parte de la estructura sin que las personas lo conozcan, es como si no hubiéramos hecho nada. Hay que comunicar cada actualización a la plantilla.

Trabajé con un directivo durante casi tres meses en esta etapa en reuniones semanales; el trabajo fue intenso. Finalmente logramos identificar los **objetivos internos más influyentes**, que harían que se lograra más rápido el económico. Aprender a distinguir, dónde invertir internamente para multiplicar posibilidades, es un estudio estratégico apasionante y lo habíamos logrado. Habíamos encontrado el cuello de botella, sabíamos cómo intervenir y los resultados eran prometedores.

Al cabo de un tiempo nos encontramos y le pregunté cómo iba todo, a lo que respondió que más o menos igual. Me sorprendió mucho, el plan había sido realmente preciso y pactamos una sesión para ver qué había pasado.

Los documentos que definimos de forma excelente estaban en una carpeta en su ordenador, y nadie había recibido una copia ni había sido informado siquiera de los objetivos de ese año. Los equipos seguían actuando de acuerdo con lo que siempre habían hecho, y el trabajo de tres meses de poco había servido.

> "Para conseguir resultados en la estructura, hay que comunicar a las personas las actualizaciones y contar con ellas para su implementación".

3. No contar con un método común, que involucre al equipo y mantenga la excelencia cada semana

Definir un objetivo común es el primer paso para lograr un equipo coordinado, pero no es suficiente. Las empresas que cuentan con una misma metodología consiguen coordinarse con gran facilidad. Utilizan una misma metodología para la organización y comunicación; de esta forma consiguen una mayor eficacia en los resultados.

> "Si no compartes con el equipo los objetivos, será solo tu plan".

La distancia entre un plan definido y un plan ejecutado se minimiza si se cuenta con una metodología que facilite las acciones coordinadas del equipo. Para ello te propongo este modelo de trabajo, que utilizo en mi consultoría en empresas.

El modelo Grow unifica la forma de trabajar de un equipo

El modelo Grow, creado por Sir John Whitmore, Alexander Graham y su equipo en la década de los 80, es el que utilizo para la definición de objetivos en la empresa. Tiene una característica muy importante: si te detienes a definir el **qué** de una manera precisa, según el momento actual de tu empresa, diseñar el **cómo** será muy fácil.

De forma simplificada consiste en definir los siguientes pasos:

Meta (qué queremos conseguir):

Realidad (examinar cómo es la situación actual):

Opciones (crear planes de acción):

Voluntad (determinar quiénes lo harán, cuándo y cómo se medirá):

Resumen capítulo 1

Empezando los niveles 1 y 2
de la "pirámide de la excelencia"

Diseñar una estructura de éxito en tu empresa es posible y además es fácil. Se trata de contar con una metodología que te ayude a influir en ella de forma ordenada, manteniendo el control de los procesos y comprobando cómo se traduce cada acción en un mejor resultado.

Esta metodología te brinda una hoja de ruta para comenzar por los niveles más influyentes de la estructura y así conseguir resultados sostenibles y que perduren en el tiempo.

3 pasos para influir en la
estructura del éxito en tu empresa

Paso 1

- Empieza por la actualización del organigrama. Imprime una copia y verifica si corresponde con la realidad; en caso contrario, actualízalo.
- Realiza o actualiza la definición de puestos, contemplando el desempeño y la actitud esperada para este año de cada persona, de acuerdo a los objetivos anuales.

Paso 2

Define objetivos:

- Anuales, trimestrales y mensuales.
- Económicos e internos de la empresa para cada periodo.

Las personas solo se comprometen con objetivos que conocen y de los que son parte protagonista. Parece obvio, pero te sorprendería la cantidad de gente que sigue dando tareas sueltas para hacer cada día a su equipo, y pretende que estén motivados, comprometidos y con actitud.

Recuerda: si comunicas e involucras al equipo en cada etapa habrá mayor compromiso, menos errores y actitud protagonista. ¿Cómo hacerlo?

- Comienza por imprimir una copia de los objetivos anuales y trimestrales para cada uno, adjunta copia de organigrama (viene bien recordar dónde estamos y con quién nos relacionamos en los procesos) y dos copias de la definición de puestos, con la plantilla que tienes.

- Realiza una primera reunión grupal para comunicar los objetivos anuales y trimestrales; cuéntales qué aportarás tú para alcanzarlos y qué esperas de ellos.

- Por último, realiza una reunión breve (no más de diez minutos) con cada persona del equipo, revisando cada punto de su puesto y resaltando lo que espera la empresa de ella en desempeño y actitud (en este apartado tienes que ser muy claro y preciso, es una frase dirigida a esa persona). Si ambos están de acuerdo, deberá firmar una copia para hacer revisión de estos aspectos a los seis meses.

Paso 3

Ahora diseña un plan de acción mensual. Cuando hay orden y planificación en la estructura, es muy sencillo incluir cada mes pequeñas acciones destinadas al crecimiento de la empresa, y eso es lo que le llevará a su mayor éxito posible.

> "Es hora de salir de la zona de confort y crear una estructura de éxito en tu empresa, que sea tierra fértil para generar o aprovechar nuevas oportunidades".

Capítulo 2.
El error cero y la excelencia en los procesos es posible y fácil

El error cero es lo anterior a la *excelencia*. La excelencia es *presencia*, es señal de una empresa con energía y coordinación. La autoridad en el mercado surge de la excelencia, y donde hay autoridad *no existe competencia*.

Una empresa con posicionamiento y autoridad en el mercado ha conectado con su mejor versión, y su aportación de valor es *reconocida* por la sociedad.

Cómo se logra posicionamiento y autoridad en el mercado

En la introducción de este libro te contaba la importancia de "respirar" y percibir una empresa al entrar en ella. El alma de la empresa nos dice mucho de ella (y sus posibilidades de éxito). También hemos mencionado que las posibilidades de éxito surgen en la intersección de varios factores como el orden (equilibrio interno) y la definición de objetivos, entre otros.

Lograr posicionarse como autoridad es uno de los principales anhelos de muchas empresas, pero para muchas sigue siendo un misterio saber qué hay que hacer para que el entorno te otorgue ese reconocimiento.

Para lograr posicionamiento en el mercado tienes que desarrollar algunas de estas características:

- Ser expertos en alguno de los servicios/productos que ofrecen. Haber alcanzado maestría en ello.
- Tener una estructura interna saludable.
- Mantener en equilibrio la relación con el cliente, las personas y el producto o servicio.
- Equipos de trabajo con niveles de desempeño y actitud óptimos.
- Formación continua como parte de la cultura empresarial.
- Una comunicación fluida entre sus departamentos y con el entorno.

Cuando voy a Madrid me gusta visitar a mi amiga Eva, porque siempre me recomienda comer en sitios con "autoridad", lugares recomendados por el boca a boca donde se puede degustar alguna especialidad (¡excelencia!) y es un referente en su sector. Cuando entro a alguno de estos lugares siento algo especial; tanto su forma de atender como su menú me transmiten confianza.

Una empresa que sabe en lo que es experta y lo pone al servicio de la comunidad se posiciona mejor. La sociedad compensa esa aportación con este reconocimiento, "le otorga autoridad", y esa es la mejor inversión para el éxito de una empresa.

Resulta fácil diferenciar cuándo un profesional o una empresa ha logrado dominar una habilidad y la ha llevado a maestría, porque transmite autoridad. Cuando te habla de su producto o servicio puedes observar una mirada enfocada, como si estuviera repasando el proceso (que domina absolutamente).

Si ya tienes actualizados los niveles 1 y 2 de la "pirámide de la excelencia", vamos a centrarnos en el tercer paso: conseguir excelencia y error cero en los procesos, para **lograr** un mejor **posicionamiento** interno y externo. Los clientes perciben ese orden en el ambiente, y eso provoca confianza.

> *Imagina que estás en primera fila, en el teatro, a punto de presenciar tu concierto favorito de la Orquesta de España. Ahora imagina a esa persona del violín, cómo se fusiona con el director y su instrumento y actúa en plena sintonía con cada nota y con cada compañero. Ahora... imagina su mirada, su gesto, su cuerpo. ¿Qué te dice? ¿Notas cómo siente el proceso? Fueron años los que invirtió hasta lograr esa maestría.*
>
> *Ahora imagina que te ha invitado una amiga a la tercera audición de violín de su hijo, intenta percibir lo que se respira en la sala y observa su cuerpo cuando comienza a tocar, sus gestos y su mirada. ¿Qué percibes de su mirada? ¿Cómo te enseña su obra a través de ella? ¿Qué tipo de autoridad le otorgas? En esta etapa hay ilusión, disciplina y determinación. La autoridad llegará con los años.*

Te propongo este sencillo ejercicio para hacerlo a nivel empresarial y particular en tu empresa. Usaremos un lenguaje sencillo y una herramienta visual para averiguar un poco más sobre vuestras habilidades internas.

El objetivo es comprobar en qué áreas hay maestría y autoridad en la empresa, y en qué otras hay que incluir formación, recursos o prestar más atención para llevar a un siguiente nivel.

Completa cada una de las filas de la tabla con un listado de habilidades y tareas en las que se participa en tu empresa, situando cada una en el título correspondiente.

Una vez completada la tabla puedes revisar los objetivos internos que has definido, y si lo crees convenientes incluir algún criterio que hayas visualizado en la tabla (formación en…, negociación, etc.).

SOY EXPERTO/A EN:	SOY MUY BUENO/A EN:
SOY BUENO/A EN:	ME DEFIENDO EN:

Con la información obtenida en esta tabla, puedes comenzar a crear planes de acción para mover 2 o 3 elementos de las partes inferiores de la tabla a la fila superior. Esto se consigue también a través de la formación.

Identifica los aspectos en los que son expertos, para comenzar una estrategia de posicionamiento y lograr la excelencia. Se puede conseguir mejorando procesos, a través de los canales de comunicación, etc.

"Para lograr maestría y autoridad no hay atajos, son horas de práctica, técnica y mejora procesos.
Eso sí, una vez allí hay una conexión mágica con tu talento que te hace disfrutar a ti y a tu entorno, y en ese nivel no hay competencia".

El error cero en los procesos es posible y fácil

El error cero en los procesos es lo normal en una empresa. Demasiadas veces normalizamos situaciones que no lo son, acostumbrándonos a pagar un precio que no es necesario.

Los errores ocurren por falta de comunicación, por la individualización de las personas en su organización y por no mantener presente el objetivo común. A cambio, cada día se suele dedicar una media de tres horas resolviendo asuntos urgentes y errores de situaciones pasadas. Esa es una de las causas de la falta de crecimiento en una empresa.

El error cero se produce en empresas donde existe:

- Una metodología común.
- Objetivos definidos y compartidos.
- Y en las que, además, mantienen relaciones saludables y una estrecha comunicación en cada etapa de los procesos.

Recuerdo una empresa de servicios con la que colaboré, que tenía varias delegaciones. Nuestra primera intervención fue diseñar un organigrama funcional que facilitara la comunicación de cada delegación con la central; esto aportó mucho bienestar a las personas.

En la tercera sesión de equipo les dije que ya estábamos listos para abordar el error cero en los procesos, y la reacción fue bastante curiosa. ¡Todo el equipo comenzó a decirme que era una locura esta propuesta, que eso nunca se podría lograr! Su resistencia era evidente, pero mis años de experiencia me dicen que se puede y que es fácil. Y continué explicando cómo lo haríamos.

Comenzamos dibujando líneas en una pizarra; cada una representaba un proceso, marcábamos con un punto rojo dónde se producían los errores internos recurrentes y con verde los errores donde intervenían factores externos.

En el siguiente encuentro formativo el estado emocional del grupo tenía un tono totalmente diferente. Aquello parecía un estallido de confianza en el equipo. Después de tres meses diseñando esa estructura que pretendíamos, por fin habían experimentado en su propia piel que sí, que se puede llegar al error cero y que, además de ser posible, favorece la coordinación y el trabajo en equipo. Los lazos entre personas se habían fortalecido, y todos de forma natural compartían una visión común.

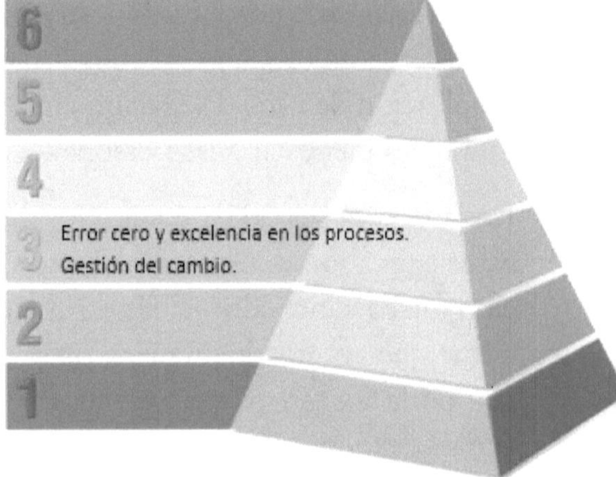

5 pasos para lograr el error cero en los procesos

- Asignar a la persona o personas que se encargarán de la identificación de todos los procesos y los errores internos que existen. El objetivo de esta etapa es solo identificarlos de forma gráfica y nombrarlos.

- Se informa a todas las partes involucradas, y se crea junto a esas personas planes de acción de entre 3 y 5 pasos con el fin de lograr que el proceso continúe en esa etapa sin errores.

- Se define la actitud que debe tener cada persona en la etapa de implementación (atención plena, comunicación con las partes involucradas anterior y posterior, reporte a superior) para que este sea un paso en el que se logre una solución definitiva.

- Se definen los pasos en los que hay que poner especial atención para lograr un proceso excelente.

- Disfruta de tu logro y comprueba cómo gana confianza el equipo en cada nuevo reto conseguido.

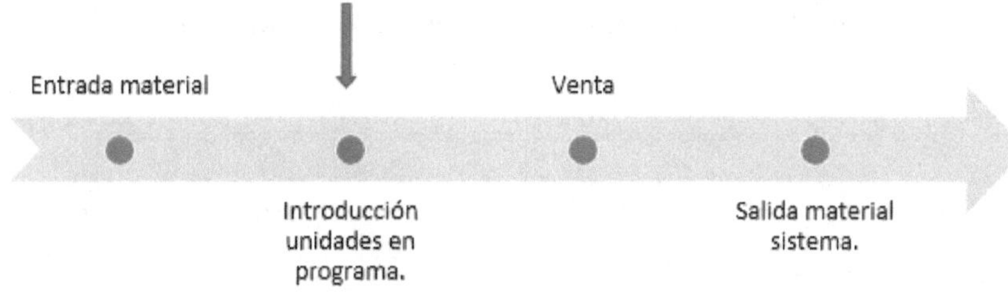

En este ejemplo, vemos que el error se produce en la introducción de unidades en el programa informático.

Coordinación de equipo y excelencia en los procesos

La coordinación entre equipos y personas es posible cuando uno es capaz de visualizarse dentro de un proceso.

El tercer nivel de la pirámide de nuestra herramienta es fundamental, ya que las personas comienzan a experimentar el cambio, perciben más claridad gracias al orden en la estructura y una mejora en el ambiente. Aquí comienzan a explorar su potencial y se preparan para los planes más ambiciosos.

La coordinación de un equipo solo es posible en un marco definido de actuación. Todos deben saber hacia dónde van, cuáles son las prioridades (principales objetivos internos y estratégicos) y cuál va a ser el método con el que van a actuar y comunicarse. Para eso los niveles 1 y 2 de la "pirámide de la excelencia" son fundamentales.

> "Si los niveles 1 y 2 de la pirámide se han definido de forma eficiente, los resultados comienzan a percibirse en el nivel 3, el de coordinación".

¿Qué ocurre para que se empiece a experimentar algo nuevo en el ambiente?

- Que has definido lo importante y has eliminado el ruido en la empresa que provocaba distracción en personas.

- Que has logrado que el foco principal sea **qué** vamos a hacer y **cómo** vamos a lograrlo sin errores para ganar autoridad y rentabilidad.
- Que las relaciones en la empresa son más adultas, más cercanas, y utilizan la comunicación para coordinar planes y lograr objetivos de forma fácil.
- Que hay más energía disponible para atender el día a día e integrar nuevos planes.

> "Cuando en una empresa no se define un método
> de actuación común, el resultado es un grupo de
> personas independientes, trabajando como siempre lo
> ha hecho".

Y surgen algunos síntomas en la empresa como conflicto, descoordinación y errores en los procesos. El talento individual **suma** en una empresa, pero el trabajo en equipo y la coordinación en procesos **multiplica** resultados, y si se sabe aprovechar, aumenta las posibilidades de éxito.

Esta etapa de coordinación y error cero en los procesos es un momento dulce para los equipos, porque comprueban que son capaces de conseguirlo.

> "Comprueban que sí pueden influir en la estructura,
> que tienen un potencial que desarrollar y que
> ese proceso produce bienestar a la persona y
> posibilidades a la empresa".

El mejor regalo que obtienen en esta etapa es comprobar que han evolucionado como empresa y como personas, que hay algunos *insights* donde todos se perciben como una sola consciencia. Piensan en conjunto y realizan cada movimiento de forma completamente armónica, igual que una orquesta de música. **Y son estos momentos los que dan fuerza y confianza a un equipo para ir a por más,** pero en completa coordinación.

Para que este proceso de desarrollo conjunto se produzca existe una metodología que resumiremos al final del capítulo, pero antes déjame que te cuente una aventura que viví este verano en Cazorla, donde se produjeron en dos horas todas estas etapas que hemos descrito, con su experiencia final de coordinación y motivación.

Etapas de evolución de un equipo

Me fui unos días en verano de vacaciones con mi hijo a Cazorla, provincia de Jaén. Nuestro objetivo era claro: vivir muchas aventuras. Así que contratamos algunas actividades de turismo rural.

El segundo día la actividad era ruta en kayak; allí estábamos junto a un remanso del río, a las 9 de la mañana, bastante nerviosos pero listos para comenzar nuestra aventura. Confieso que como madre había un plus de nervios por si la actividad podía ser algo peligrosa para mi hijo.

Llegó la guía y comenzó a indicarnos el trayecto, las paradas y cómo lo haríamos. Nos enseñó cómo se avanzaba, frenaba, giraba y retrocedía con el remo. Incluso qué hacer en situaciones de conflicto (encallarse, choques entre canoas o que se vuelque la canoa, por ejemplo). Todas estas indicaciones en menos de diez minutos y con una firmeza en su mirada que capturaba toda nuestra atención, a pesar de nuestros rostros temerosos (de los once valientes ninguno tenía experiencia en ese deporte).

Nos sugirió ir practicando en el sitio y me dijo que ella llevaría a mi hijo pegado a su canoa, algo que agradecí para vivir a pleno mi torpe aventura. La tarea parecía bastante fácil, pero solo bastaron cinco minutos en la travesía para comprobar que el río tiene su propio ritmo y su propia fuerza (el mercado es igual), y nos dimos cuenta de que la teoría es muy diferente a hacer una tarea en la práctica: algunos encallábamos, otros se caían y otros simplemente perdían totalmente el control cuando eran arrastrados por una corriente.

Paula nos dijo algo que aún sigo aplicando en mi vida empresarial como metáfora:

"Aunque el río os arrastre, siempre seguid remando.
En ese momento tenéis que llevar una parte del
control, aunque parezca que no controláis".

Lo comprobé en persona; al dejar de remar por el pánico, la salida de las corrientes eran nefastas. Cuando mantenía el contacto con el remo — eso sí, entregada a la fuerza del río— yo también era parte de la travesía y podía reconducir la canoa y seguir viaje sin atascarme o caerme. ¿Que cómo aplico esto en mi vida hoy? Me mantengo en contacto conmigo, con la respiración. Presto absoluta atención a la tarea y a la meta que quiero que me lleve; eso hace que atraviese momentos de caos o distracciones con mayor poder personal.

Hacia la mitad de la travesía todos estábamos más tranquilos y comenzamos a disfrutar del paisaje; puedo asegurarte que en la primera etapa nadie logró ver más allá de su canoa, y lo más importante es que, vencidos por la realidad, todos habíamos aceptados ser simplemente aprendices de una nueva técnica. Comenzó a surgir la colaboración, incluso nos anticipábamos a las corrientes que tanto descontrol nos producían para pasar coordinados y sin impactar unos con otros.

La etapa final del recorrido fue muy reveladora para mí, que acompaño equipos desde hace años. Habíamos logrado manejar las habilidades mínimas de remo y eso nos había otorgado confianza y mucha motivación. A nivel individual disfrutábamos del viaje, y la coordinación entre canoas era impresionante incluso en un entorno tan cambiante. Cuando llegamos a destino había ganas de más, de otro reto. De querer explorar qué más éramos capaces de conseguir.

Porque habíamos estado durante dos horas en contacto con nuestro potencial, y cuando una persona conecta con su potencial, sabe que podría ser capaz de mucho más para lograr cosas importantes en su vida, y sobre todo que si se cuenta con una buena estructura, el esfuerzo tan propagado en el pasado es reemplazado por el enfoque y el disfrute en la tarea, y de ahí surge la coordinación.

En este relato solo fueron necesarias dos horas para que viviéramos una experiencia de disfrute, equipo y coordinación (el deporte tiene esa maravilla: al tener cada disciplina su estructura definida, bastan dos horas para vivir una auténtica experiencia de ambiente de éxito). En una empresa, mientras se define la parte inicial pueden pasar dos o tres meses, pero una vez superada esa fase cada experiencia es un paso más para el desarrollo empresarial.

Cómo lograr el error cero y excelencia en los procesos

1. Si has llegado al tercer nivel de la pirámide y actualizado de forma rigurosa la estructura de tu empresa, seguramente estés experimentando una fase más dulce en las relaciones con las personas y las tareas. Hay más claridad y se detectan rápidamente los errores.

2. Elige a las personas que se encargarán de hacer una revisión de procesos, con el objetivo de encontrar dónde se producen los principales errores recurrentes, y cuántas áreas del organigrama intervienen en esa parte del proceso.

3. Define la actitud con la que se llevará a cabo este trabajo: las personas solo colaboran en esta etapa si tienen la certeza de que no van a ser juzgadas personalmente. **Neutralidad**, no juicio y enfoque en soluciones son pilares de la **actitud** a adoptar para esta tarea.

4. Dibuja con líneas los procesos; por ejemplo, desde que entra un pedido por la *web* o teléfono, hasta que es cobrado el servicio o producto. Marca cada etapa por la que pasa ese pedido y luego señala con puntos rojos los errores recurrentes internos y con puntos verdes los errores en los que participan agentes externos (proveedores, asesor, transporte externo, etc).

5. Una vez identificado el punto rojo, trabaja con la persona que ocupa ese puesto, la que ocupa el anterior y el posterior para crear un plan de acción. El plan de acción puede incluir hasta cinco pasos.

6. Comprueba si con estas acciones se elimina ese error del proceso.

Ejemplo de gráfico de verificación de procesos

Ejemplo 1

Trabajé con una empresa de suministros químicos. Llegados a esta etapa detectamos que recibía muchas quejas de sus clientes, porque en temporada alta no recibían sus pedidos a tiempo. El transporte era propio, así que la empresa tenía una alta influencia sobre el proceso de encontrar soluciones.

Comenzamos dibujando los procesos donde intervenían logística (director de área que organiza rutas y transportistas), atención al cliente (recibe pedidos y da una respuesta) y producción.

Fue fácil identificar el cuello de botella: el patrón que se repetía es que todos los clientes estaban acostumbrados a que se les suministrara a primera hora de la mañana. En temporada baja era fácil lograrlo, pero en temporada alta la cantidad de vehículos y su horario no permitía ese flujo en la atención.

El resultado era preocupante; en este mercado hay poca fidelidad y competir por precios era poco sostenible. La excelencia en la relación con el cliente es muy importante.

Quiero proponerte algo: antes de contarte el desenlace de esta historia donde se logró el error cero y la excelencia en el proceso, te invito a diseñar tus propias posibles soluciones. ¿Qué harías para solucionar este problema?

Para entrenar el enfoque en soluciones hay que atreverse a crear soluciones sencillas y ponerlas en marcha. Para grandes problemas, créeme, siempre existen pequeñas soluciones que funcionan.

Asistí a un taller con Ilse Gschwend; le hablé de un proyecto que tenía en mente, y la frase que dijo a continuación cambió mi vida: *"El perfeccionismo bloquea las soluciones creativas. Una nueva solución necesita la mirada de explorador, que busca salidas sencillas. Siempre suelen ser las más efectivas"*.

A partir de ese día algo cambió: comencé a explorar alternativas de una forma ligera y comprobé que esa forma de buscar soluciones casi jugando hacía que mi mente encontrara mejores opciones, al no haber rigidez ni perfeccionismo.

Veamos qué haría tu mente exploradora para encontrar una mejora en este proceso (el resultado de los que hicimos lo tendrás al final del capítulo).

Solución 1.

Solución 2.

Solución 3.

Ejemplo 2

Hace muy poco trabajé con una mujer que acababa de incorporarse al puesto de responsable de zona de una empresa de alimentación. Sus valores y su gran corazón me cautivaron, es alguien a quien aprecio mucho.

Eran muchos los frentes a los que debía empezar a atender, y en alimentación (producto perecedero) todo tiene un ritmo muy rápido. El proceso de acompañamiento abarcaba varias fases de la estructura, además de su incorporación al nuevo puesto.

Un día me comenta un problema grave: desde logística salían muchos pedidos con errores. Sumado a esto, este departamento estaba en otra provincia y no conocía a sus compañeros. Cuando el pedido llegaba a sus clientes (hoteles, cadenas de restaurantes, etc.) no coincidía con lo que se había solicitado. Los errores eran diarios y el epicentro de ellos estaba fuera de su influencia directa. Esto representaba un conflicto: por un lado quería dar un mejor servicio a sus clientes y por otro no quería enfrentarse a sus compañeros.

¿Lo hacemos juntos? Te sorprendería ver qué valiosas pueden ser tus aportaciones (nuestra intervención al final del capítulo).

> Solución 1.
>
> Solución 2.
>
> Solución 3.

Recomendaciones

Utiliza herramientas gráficas para verificar procesos. Una de las formas más efectivas de poner a prueba nuestra mente es volcar sobre un papel (o medio digital) lo que creemos que sabemos o lo que hemos definido. Cuando lo vuelvas sobre papel, te conviertes en el observador de tu texto, y estoy segura de que será muy fácil detectar zonas ambiguas, errores en los procesos o cualquier otra actualización que necesite tu trabajo.

Ponte a prueba; si no cuentas con un *coach* o consultor que te ayude a verificar toda la estructura, sé tú tu propio observador. Eso sí, de forma gráfica; no te imaginas cuántas cosas cree la mente que controla, y puestos en marcha no sabe cómo empezar.

> "La excelencia es lo normal. Es hacer las cosas bien, siempre, cuidando los recursos de la empresa".

Probablemente uno de los mayores problemas en la sociedad es que hemos normalizado lo que no es normal. Y la excelencia empresarial es lo normal, aunque lo cotidiano sea el error, repetición de procesos, falta de comunicación y su respectiva "pérdida de autoridad en el mercado" para muchas empresas.

Cuando planteo en organizaciones comenzar en esta fase de la pirámide, suelen decirme que es imposible o muy difícil de lograr.

Su consciencia de la situación cambia cuando les digo que lo difícil es trabajar cada día con una dosis extra de esfuerzo, corrigiendo errores, perdiendo clientes, conquistando otros para cubrir la facturación necesaria...

Y podría seguir describiendo lo difícil que te haces la vida por haber normalizado algo que no lo es. Y cómo te desgasta el apagar fuegos cada semana, en vez de trabajar de forma armónica, coordinada, y ganando cada vez más autoridad en el mercado.

Herramienta: enfoque centrado en soluciones

Si en la empresa utilizáramos el mismo tiempo en buscar soluciones que en buscar culpables, el resultado sería más tiempo de calidad, más facturación y mejores relaciones personales.

Los directivos se encuentran agotados a causa de las continuas reuniones interminables, que suelen terminar muchas veces sin lograr una sola acción enfocada en las soluciones.

Hace unos meses contactó un directivo conmigo, bastante preocupado. Se había levantado de la última reunión, diciendo al equipo que así no podían seguir. Sus reuniones eran tensas, había caos y nunca salían de ellas con un plan ejecutable. Prometió, como responsable, que buscaría ayuda para mejorar esa situación, porque estaba afectando gravemente a sus relaciones personales.

En la reunión que mantuvimos le hablé del "enfoque en soluciones" como herramienta, un método desarrollado por Steve de Shazer e Insoo Kim Berg, que además tiene un componente que me apasiona. Su aplicación depende de la fuerza en la intención, y una actitud orientada a "crear" nuevas soluciones.

Para poner en práctica esto que te acabo de contar en un párrafo, se requieren:

- Altas dosis de autocontrol.
- Aprender a dirigir la conducta hacia un estado de solución.
- Escuchar la voz objetiva interior (el líder que llevas dentro).
- Bajar el volumen al crítico que llevas dentro (al que busca tener la razón y buscar culpables).

Cuando comienzas a dirigir tú a esas voces internas con liderazgo, se convierte en una experiencia transformadora, y nunca vuelves a ver un problema como algo negativo. Se convierte en un hecho que necesita unas **respuestas creativas** que hay que buscar.

En qué consiste el enfoque centrado en soluciones

El enfoque centrado en soluciones es una herramienta creada por Insoo Kim Berg y Steve de Shazer, que nos invita a conectar con los recursos necesarios para encontrar esa solución deseada, a través de unos principios.

Este enfoque también supone la elección de un estado interno que permite a una persona ver desde otra perspectiva cada problema.

Afirma que la forma en que se generó un problema y la de lograr una solución son independientes entre sí, son dos procesos independientes. Es por eso que, con este modelo, una vez que se identifica la situación, el "foco" se dirige a crear nuevas formas de abordarla sin contemplar los elementos anteriores.

Asegura que los hechos son neutros, ni buenos ni malos. Y el **foco** para abordar estos hechos está en la **tarea**. Otros modelos tradicionales invierten mucho tiempo en el análisis de la situación, y suelen encontrar descanso mental cuando han señalado todas las partes y sus responsables. Pocas veces observan que aún siguen en el punto de partida. Se dedica demasiado tiempo al análisis de cosas pasadas, y se abandona justo antes de definir acciones rápidas y concretas a la situación.

Realidad objetiva y realidad de segundo orden o interpretación de los hechos

La realidad objetiva es aquella que percibimos a través de los sentidos: hechos, tareas, procesos y puestos donde hay que intervenir. Ejemplo: los precios han bajado un 15 %.

Llamamos realidad de segundo orden al significado que cada persona otorga a estas percepciones. Ejemplo: hay caos en el sector, y los expertos opinan que será imposible recuperarse en esta situación.

Hay que aprender a diferenciar las dos partes del proceso, y si es necesario acercar la interpretación de los hechos hacia un punto neutro (buscando hechos, soluciones en vez de culpables).

Hacer las preguntas correctas para que el enfoque se dirija hacia la creación/ identificación de soluciones

Las preguntas son una excelente herramienta en el enfoque en soluciones. Aprender a dirigir la atención de la pregunta hacia "la búsqueda", orienta la atención de forma creativa hacia posibles soluciones.

- ¿Qué sería una solución para este tema?
- ¿De qué otras maneras podemos cubrir esta necesidad, que no hemos explorado aún?
- ¿Qué sería para nosotros haber logrado un primer paso?

Hay soluciones rápidas y otras que necesitan pasos para llegar a una solución mayor

Muchas veces en la empresa no se puede dar solución a un problema de forma global por falta de recursos, porque el producto o servicio está en proceso de investigación, etc. Aceptar que **un paso ya es parte de una gran solución** ayuda a las personas a mantenerse firme en su enfoque y no dejarse seducir por la facilidad de la queja y la búsqueda de culpables.

Puedes utilizar esta guía para comenzar a practicarlo. Ayuda mucho también contar con paneles gráficos, *post-its*, etc. Si lo observas, en esta variante del modelo que te sugiero existen tres posibles soluciones, y también te invito a contemplar que hay etapas hasta la solución definitiva. De esta forma la mente baja su nivel de exigencia y comienza a dar los primeros pasos creativos. Eso ayuda a mantener el enfoque en el proceso, y genera confianza en los recursos de las personas que intervienen.

Problema:

Soluciones posibles:

Escenario 1:

Escenario 2:

Escenario 3:

Preguntas para el enfoque en soluciones en equipos de trabajo:

- ¿Qué tendría que pasar en este departamento/ equipo para que sepamos que se ha conseguido una solución sostenible?
- ¿Qué otras estrategias podríamos probar, para acercarnos a esa solución?
- ¿Qué nos indicaría que hemos avanzado hacia una solución?
- ¿Qué sentimiento se experimentaría en este equipo, en esa primera etapa hacia la solución?

Solución de ejemplos 1 y 2

Solución ejemplo 1, empresa de agroquímicos:

Detectamos tres aspectos sobre los que intervenir:

- Comunicación y coordinación entre comercial, logística y producción.
- Hábitos del cliente.
- Nuevos hábitos en la empresa.

El comercial pactaba con los clientes fechas y horarios de entrega sin comunicación previa con producción y logística, porque su **lema** era que cliente que no se atendía se perdía. Y justamente esa forma de actuación estaba generando un gran descontento en clientes que no recibían sus pedidos cuando se les había prometido.

Logística y producción recibían de forma pasiva las exigencias del cliente e intentaban dar solución, pero los desajustes eran mayores cada semana.

Acción 1: creación de un método coordinado de comunicación entre departamentos.

Se creó una plantilla de pedidos de suministros común a los tres departamentos, y un protocolo de trabajo donde el comercial confirmaba la entrega del pedido al cliente únicamente después de verificar que era viable con los dos restantes.

Acción 2: cambio de hábitos e información al cliente.

Se formó a comerciales de logística y producción en liderazgo en las ventas. ¿Qué conseguimos con eso? Modificar hábitos en los clientes sin perder a ninguno. Se creó un sistema de salida de camiones en tres turnos, y un folleto informativo que se entregaba a cada cliente para que conocieran antes de la campaña los tres turnos de entrega. El lema era "crecemos para ti"; así argumentaban esta nueva medida que ayudaría a optimizar entregas, y el cliente podría organizar sus operarios para recibir y utilizar los productos agroquímicos según el horario.

También se crearon carteles sobre este servicio de entrega (en tres turnos) y se colocaron en los puntos de atención al cliente y producción, así como en los canales de comunicación digital.

Acción 3: se formó al personal para aprender a influir positivamente en los hábitos compra del cliente.

Al principio tenían tanto miedo de hacerlo que tuve que crear varias dinámicas para que comprobaran que, con un mensaje claro y persuasivo, el cliente aceptaría esta nueva forma de entrega, y sobre todo entendería que era para mejorar el servicio.

En menos de dos meses habíamos logrado abordar un grave problema con tres sencillas soluciones. El equipo ganó mucha confianza en sí mismo y comprendió que si se propone una estructura que aporte realmente soluciones, el cliente permanece a tu lado.

El cliente estaba satisfecho, su comunicación con la empresa había mejorado y ahora recibía sus pedidos cada semana, según lo pactado.

Las personas de ventas, coordinación y producción comprendieron que el primer acuerdo debe ser interno, y que todos son responsables de dar soluciones a los errores recurrentes.

El equipo de ventas aprendió una hermosa lección. El cliente espera soluciones reales, y si existe una propuesta efectiva de nuevos hábitos, se muestra receptivo.

Solución ejemplo 2, empresa de alimentación:

Este caso fue mucho más sencillo, y lo que voy a contarte fue algo que ella misma logró y me comentó en una de las sesiones; no hubo intervención por mi parte.

Solución a error en la carga de pedidos desde logística: comunicar los datos de forma neutra.

Al cabo de tres sesiones, la responsable de delegación con la que trabajaba llegó muy contenta diciéndome que había logrado hacer algunos cambios. Comenzó a enviar un *e-mail* semanal a sus compañeros de logística (con la humildad y dulzura que la caracterizaba), indicándoles los camiones que habían salido con errores en los pedidos.

Terminaba sus *e-mails* diciendo, "por si os sirve el dato para vuestra supervisión". Pronto comenzó a recibir respuestas de agradecimiento, ya que se trataba de datos muy importantes para realizar mejoras cada día, y según me comenta han disminuido muchísimo los errores en los pedidos.

Resumen capítulo 2

Llegados a este punto, podemos identificar juntos tres componentes claves para el desarrollo de tu empresa y la creación de una estructura de éxito:

- El error cero en los procesos no solo es fácil, sino que también es un componente que une a las personas de una empresa. Para dar solución a un error recurrente tienen que intervenir dos o más personas en busca de una solución, y este tipo de enfoque y comunicación es el que genera ambientes de éxito en la empresa.

- La solución a un problema suele ser muy sencilla; solo hay que adoptar la actitud adecuada, el enfoque correcto y descubrir todo lo que el ser humano puede aportar como solución si pone a trabajar la parte creativa de su cerebro.

- Trabajar en un ambiente donde se cree en la excelencia, conecta a las personas con su potencial. Aumenta la confianza y ya no se le teme al conflicto, porque se sabe abordar.

Capítulo 3.
Todos en una misma dirección

Algo cambia en las personas cuando se actualizan los tres niveles inferiores. Su mirada se vuelve más clara y tranquila, su tono emocional más suave. A ese fenómeno le llamo "empoderamiento personal". El orden que se logra en las fases anteriores permite a las personas conectar con su poder personal, porque ya no luchan cada día ni se ocupan de resolver errores diarios. Su energía ahora está al servicio de sus tareas y su bienestar.

Qué ocurre a partir del cuarto nivel en la pirámide

A partir de este nivel cada persona sabe empezar por lo importante, la comunicación está al servicio de los objetivos comunes, hay más comprensión y confianza. Comienzan a creer que pueden lograr más.

Los tres grandes beneficios que se experimentan una vez superados los primeros niveles son:

- Una gran cantidad de energía disponible en la empresa para ir a por nuevas metas con menos esfuerzo.

- Han eliminado obstáculos y definido una dirección, es mucho más fácil que todos actúen con una visión común.

- Cada persona está comprometida en mantener esa visión, y participa activamente en la ejecución de objetivos estratégicos.

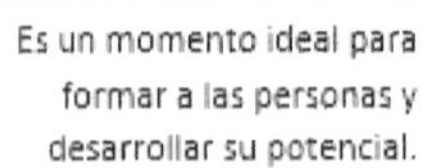

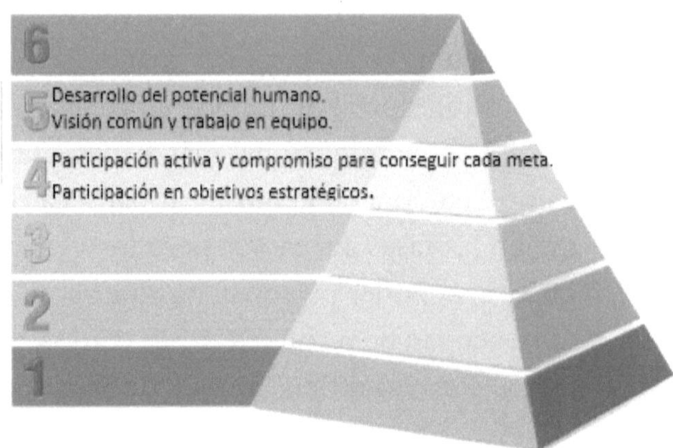

Los beneficios que se describen en los niveles 4 y 5 surgen **de forma natural** si anteriormente has creado una buena base. Es un excelente momento para incorporar herramientas que te ayuden a multiplicar los resultados, ya que el enfoque y la energía están muy elevados.

En este capítulo te enseñaré algunas de las herramientas que utilizo en mi acompañamiento de equipos de trabajo. Su función es facilitar procesos, mejorar el flujo de la comunicación y acelerar los resultados. Puedes comenzar a utilizarlas desde hoy, incluso en las primeras etapas de la pirámide.

Las herramientas facilitan el trabajo incluso en momentos de caos, mientras que la consciencia te ayuda a observar desde diferentes ángulos una misma situación. De esta manera puedes percibir la realidad objetiva, y aprender a intervenir de forma precisa. Como hizo nuestro fontanero de un martillazo.

Herramienta 1: modelo de propuestas influyentes semanales

Diseñé este modelo para dar **solución** a una situación actual, que proviene del fenómeno VUCA, **la no ejecución** de los planes a corto plazo.

Como define Wikipedia, "VUCA es un acrónimo utilizado para describir la volatilidad, incertidumbre, complejidad y ambigüedad de condiciones y situaciones".

Observé que muchas empresas definían sus objetivos mensuales, incluso varias de ellas lograban tener reuniones muy eficientes, pero la ejecución de esos planes se distorsionaba cada semana, y había menos posibilidades de lograr incorporar pequeñas mejoras cada semana.

Está comprobado que cuando una persona establece qué va a hacer al comienzo de la semana, puede llegar a ser un 40 % más productiva que si no tiene esa planificación.

El modelo de propuestas influyentes tiene 5 beneficios para aplicarlo en tu empresa:

1. Al definir lo que se va a hacer (aunque todo el mundo lo sepa) se refuerza el compromiso con la tarea, y se consigue trabajar con excelencia.
2. Aumenta la comunicación influyente del equipo, los canales de comunicación permanecen activos y se logra fortalecer la relación.

3. Impulsa el autoliderazgo del equipo, ya que se asigna todo el proceso hasta su medición de resultados a las personas. Esto les ayuda a visualizar el proceso completo, aumenta la eficiencia y la gestión independiente de cada persona.

4. Incrementa la habilidad de comunicación del responsable, creando reuniones y sistemas de trabajo eficientes.

5. Genera una sensación de control del proceso en todas las partes, y se elimina el control de personas. Todos pueden influir en la excelencia de los procesos y saben cómo hacerlo.

En qué consiste el modelo

El objetivo máximo de este modelo es involucrar a las personas en planes semanales, con el fin de lograr el máximo resultado posible, fomentando la comunicación y coordinación de equipos.

La comunicación dentro de una empresa es una de las principales herramientas que une a las personas, o las divide e individualiza. Si cada persona de la empresa se hace consciente de qué comunica, de cómo lo hace y de que puede influir en su mensaje, dispone de un gran recurso para alcanzar metas que pocos llegan a experimentar.

Planificación, ejecución y comunicación son pilares para el desarrollo empresarial, y cuando funcionan de forma coordinada se consiguen resultados extraordinarios.

Este sencillo modelo tiene dos grandes enemigos internos: el miedo inconfesable de un líder, y que para que sea efectivo hay que entrenar una mirada neutra y desaprender algunos patrones de comunicación.

1. El modelo.
2. Un modelo sencillo de entender y complejo de aplicar.
3. Cómo intervienen los tres cerebros en la empresa.
4. Miedo del líder.
5. Desaprender
6. Hablarle al cerebro reptiliano.

Objetivos generales y objetivos de departamento

En muchas empresas los objetivos generales vienen dados por dirección; un objetivo tiene que ser retador y sacarnos de la zona de confort, ya que esto es lo que nos ayuda a desarrollar nuestro potencial. Y allí donde antes decíamos "no puedo", ahora podemos sustituirlo por un "¿cómo podríamos lograrlo?"

Esto abre un mundo de posibilidades en la organización, y los responsables de departamentos pueden aprovechar la mejor herramienta que tienen para conseguir nuevos resultados: **la comunicación**.

El modelo

Qué (vamos a hacer esta semana):

Para qué:

Cómo se hará (detallar tareas, aunque sea obvio que ya se saben):

Quién y cuándo las realizará:

Quién y cómo medirá el resultado y lo comunicará (persona a la que se comunica y medios por los que se comunica: *e-mail*, fotos, vídeo, personalmente, etc.):

Uno de los principales objetivos de un líder es mantener vivos los objetivos semanales en el equipo. Cada reunión, cada mensaje semanal debería ir enfocado hacia adelante con una propuesta influyente, en vez de ir hacia atrás para "controlar lo que ya se hizo". En el primer caso tenemos el 100 % de influencia en lo que sucederá, y en el segundo ninguna. Ya sucedió.

Un modelo sencillo de entender y complejo de aplicar

Este modelo es útil para aquellas áreas de la empresa que necesiten incorporar nuevas tareas en su organización semanal. Incluirlas en la planificación semanal suele ser muy sencillo cuando se hace gradualmente, y eso permite que el **crecimiento** de la empresa no se detenga nunca.

Este modelo también ayuda cuando dos departamentos tienen que pactar acuerdos semanales para lograr mejores resultados juntos. Trabajé con dos departamentos que aparentemente tenían **objetivos opuestos.** Creamos en la reunión semanal un objetivo común que les ayudara a cooperar y a organizarse, de tal forma que esa cooperación no afectara a sus objetivos individuales.

La clave está en usar un **lenguaje sencillo** que ayude a las personas a interiorizar algo que ya saben. Incluye cada detalle de las tareas, aunque todos las conozcan. Las personas solemos eliminar algunas tareas de nuestra mente de forma automática, y así surgen los errores. Esto ocurre porque somos personas tri-cerebradas, y el cerebro que ejecuta las tareas es el reptiliano, que a veces excluye funciones de forma autónoma si les resultan difíciles o aburridas.

Cómo intervienen los tres cerebros en la empresa

Según David McClelland y su teoría del cerebro triuno, las personas tenemos tres cerebros: cerebro reptiliano, cerebro límbico o emocional y cerebro racional o neocórtex. Todos tienen su particular influencia en el aspecto profesional de una persona y son absolutamente necesarios.

El cerebro reptiliano es el más antiguo. Se ocupa de activar los mecanismos de supervivencia si es necesario, y de mantener el ahorro de energía en el cuerpo en estados de calma.

El problema surge cuando este cerebro empieza excluir algunas de estas tareas por ser aburridas o insignificantes y no lo detectamos. *Un ejemplo es el del asesor comercial que excluía las tareas administrativas para centrarse únicamente en el contacto con el cliente y la venta.*

Por eso, hay veces que el centro intelectual realiza una excelente tarea de planificación, pero el cerebro reptiliano **no asume la tarea como suya**. Para ello hay que ayudarle a través de los sentidos. Visual y oral (pizarras, circulares, *e-mails*, reuniones semanales, etc.).

El cerebro racional es el que se ocupa de las funciones más evolutivas de un ser humano, tales como planificación, estrategia, negociación y mediación. Es el responsable de las habilidades complejas y evolutivas, como mencionábamos antes. Mantener vivos los objetivos a corto plazo y transformarlos en objetivos atractivos es una función de este cerebro. Para ello utiliza la comunicación influyente.

El cerebro emocional decide si una experiencia es agradable o desagradable. Su función es adaptativa; si le resulta agradable una experiencia intentará repetirla, pero si la experiencia ha sido estresante o negativa la evitará. Si es una experiencia repetitiva o poco significativa suele olvidarla. Dotar de sentido cada reunión semanal mantendrá a este cerebro conectado con la experiencia de forma positiva.

> "La función principal de este modelo es mantener a los tres cerebros involucrados en las tareas semanales. Planificar desde el cerebro racional, hablarle al cerebro reptiliano y aumentar el compromiso con el cerebro emocional".

Los miedos del líder

Descubrir que no le siguen. El mayor miedo de un responsable de equipo es que no le sigan en la propuesta y quedar al descubierto en su falta de influencia. Sin embargo, la experiencia me dice que en el 100 % de los casos el equipo se involucra. Las personas no siguen líderes, **siguen planes** definidos, y las mejoras pueden observarse desde la primera semana. La capacidad de comunicar de forma sencilla y precisa del líder es fundamental en este caso.

Importante: asegúrate de redactar el documento con un lenguaje neutro, preciso y descriptivo, y de actualizarlo cada semana, dejando una copia escrita a cada persona del equipo.

Uno de los pasos más importantes de este modelo es definir quién medirá, qué se medirá y qué criterios nos harán saber a todos que el trabajo se ha realizado con excelencia. Cómo se comunicará también es un aspecto fundamental.

No creer en el potencial del equipo. Las personas somos capaces, y solemos poner nuestro potencial al servicio de objetivos claros, incluso hasta el más resistente. Es lógico que tengas dudas, pero puestos a dudar de un escenario futuro, ¿por qué no pensar que sí se logrará? Es muy diferente los recursos que utilizas como líder en una nueva metodología, cuando dejas abierta la posibilidad de que ocurra, a cuando te anticipas emocionalmente al fracaso absoluto.

Aprender ser parte del equipo

En la dirección tradicional quien lleva en su cabeza el proceso del trabajo y los objetivos que se pretenden conseguir es el responsable; las personas solo ejecutan ordenes sueltas diarias, y después de un periodo se controla los resultados.

El mercado actual exige que cada equipo aporte su mejor versión en ideas, en ejecución y rapidez, y el modelo tradicional ya no encaja en este nivel de competencia. Necesitamos equipos ágiles, donde todos piensen y cada persona sepa cómo influir en el proceso en el que participan, incluidos los directivos.

Un nuevo reto se presenta para ellos. Además de coordinar equipos tienen que aprender a ser uno más en el equipo, y esto no siempre es fácil.

Anticipación: en este modelo nos adelantamos "con propuestas influyentes". ¿Qué significa propuestas influyentes? **Que cada persona puede influir en el proceso de ejecución desde el primer día.** Esto genera una mayor capacidad de actuar de forma eficiente y creativa en cada parte del proceso.

Control de procesos en conjunto: en este modelo todos saben desde el inicio cómo hacer, medir y comunicar su trabajo. Además, el control de procesos es en tiempo real, tanto por parte de los colaboradores como del responsable. Aumenta el control de cada proceso, pero en un formato más eficiente.

Esta metodología también fomenta el autoliderazgo, ya que cada persona —ocupe el puesto que ocupe— es responsable del proceso completo, desde que se le asigna una tarea hasta que mide su resultado y lo comunica a su superior. Al conocer el proceso completo, es consciente de cómo lograr el error cero en los procesos.

Hablarle al cerebro reptiliano

Nos comunicamos cada día con los tres cerebros de las personas. Un líder que desea influir positivamente en su organización y en las empresas facilita esa comunicación teniendo en cuenta las funciones de los tres cerebros.

El día a día está influido por el cerebro reptiliano; él determina qué va a hacer en forma de rutina y sobre todo qué detalles de esa tarea recordará como importantes.

Por eso el modelo de propuestas influyentes sirve para actualizar en la mente de cada persona los procesos semanales y lograr la excelencia diaria.

Cuando el cerebro reptiliano realiza estas tareas en piloto automático sin planificación, puede cambiar el orden de prioridades aleatoriamente según sus estados de ánimo. En ese caso, suele asignarse "sus tareas importantes" en detrimento de otras, y aquí el error está servido.

Al usar el modelo de propuestas influyentes cada semana, ayudamos a nuestro cerebro reptiliano a mantener actualizadas las prioridades, tareas en el corto plazo y sobre todo el proceso de coordinación con el resto de las personas.

El cerebro límbico experimentará mejores emociones si ha programado los planes de forma eficiente, y deseará repetir experiencias agradables relacionadas con cada tarea, sobre todo si favorecen las relaciones personales.

El resultado suele ser una mejora considerable en la comunicación entre el equipo. Aumenta la coordinación y disminuyen considerablemente los errores.

Una de las funciones más importantes de un líder es mantener presentes los objetivos a corto plazo del equipo, y esta herramienta ayuda a que se consiga con éxito.

> "Un barco no irá hacia adelante si cada uno rema a su propio modo". *Proverbio swahili*

Objetivos y estrategias anuales.

Objetivos y estrategias trimestrales.

Objetivos y estrategias mensuales y semanales.

El gran reto de los responsables de equipos es mantener estas fases del plan unidas estratégicamente, y transmitir que **cada semana** hay una nueva **posibilidad** de crear nuevas oportunidades. Por esta razón este modelo es tan útil para bajar a tierra los planes anuales.

Herramienta 2: conoce los personajes que llevas dentro

Eric Berne fue un prestigioso psiquiatra creador del análisis transaccional, una herramienta que nos ayuda a comprender el efecto de esos diálogos que se producen entre los tres personajes que dialogan dentro de nosotros — el padre, el niño y el adulto— y la influencia de cada uno de estos personajes en nuestras relaciones personales.

En un estado sano, todos son necesarios para mantener relaciones saludables con el entorno y nosotros mismos.

Se calcula que pasamos por cada uno de ellos unas 800 o 900 veces al día. Como todos los aspectos del ser humano, **en su versión** sana aportan grandes beneficios a la vida de una persona en su mundo interno y sus relacione externas, y en su **aspecto insano** puede llegar a deteriorar la autoestima de una persona y a afectar considerablemente la calidad de sus relaciones interpersonales.

El padre se creó a raíz de nuestro contacto con las figuras de autoridad que tuvimos en la infancia: padres, abuelos, maestros... Su función sana es la de establecer límites, educar, apoyar, nutrir. En su aspecto insano, se convierte en un juez crítico, perverso, desconfiado, autoritario, algo brusco (no haces nada bien, es que todos te engañan, eres tonto...).

El niño es la parte creativa del ser humano, el que se manifiesta a través de las emociones. Su función sana es la de detectar las necesidades internas y buscar satisfacerlas. En su aspecto insano tiene dos versiones: el niño adaptado, que termina sobreadaptándose a todas las exigencias de su entorno o del propio juez interior, o el niño narcisista que no quiere pasar por el proceso de alcanzar el éxito en una meta, lo quiere todo ya o lo deja a medio hacer. Una persona con su niño insano tiene muy poca energía disponible para nuevas metas. Sin embargo, donde hay un niño interior sano hay un adulto con energía y motivación.

El adulto es nuestra parte más evolutiva, es el líder que llevamos dentro. Si tiene un objetivo claro, va a por él. Es la parte de nuestro ser que se ocupa del aquí y ahora, sin juicios ni críticas. Pero el ruido del padre y el niño suele alejar al adulto de la meta y la motivación. El adulto es capaz de elegir acciones precisas y llevarlas a cabo sin postergar ni distorsionar planes. Es efectivo, actúa con sabiduría y sin esfuerzo.

El objetivo de esta herramienta es conocer cómo funcionan en nosotros cada uno de estos tres personajes, y regular los aspectos que sean insanos para que dejen energía disponible al adulto (líder) que llevamos dentro y pueda ir hacia sus metas con fuerza y motivación.

Cómo comenzar a observar los personajes que llevamos dentro:

Dibuja una tabla similar a la que ves aquí, y durante tres semanas observa y describe cómo actúas, hablas y sientes cuando estás desde cada uno de estos personajes. Puedes compartirla con las personas de tu empresa; es una excelente herramienta de autoconocimiento, que ayuda a comprender las diferentes reacciones que tenemos en las relaciones y a empezar a influir en ellas.

Comienza con la primera fila, observando la relación contigo mismo. Es la base de una autoestima sana y merece ser cuidada. Puedes preguntarte: ¿Cómo soy cuando estoy en cada uno de estos personajes? Y observar cuál de ellos está más presente en tu vida, cuál es el tono de la relación que tienes contigo mismo. ¿Es desde un crítico o más bien un niño? ¿Cómo es cuando está presente el adulto? Apunta cada nueva observación en la plantilla (imprime varias si es necesario). Recuerda que, si lo haces cada día, irás entrenando tu cerebro para conocerte más y más.

Una vez que reconozcas algunas de tus características, identifica desde qué personaje te relacionas con tu entorno (puede ser que con unos compañeros sea desde el crítico, con otros seas protector, y con algunos otros sea desde el niño). Observa si esas relaciones son sanas, y si lo crees conveniente puedes empezar a hacer algún cambio en tu forma de relacionarte, y comprobar resultados.

Todos tenemos un niño y un juez interno, debemos aprender a reconocerlos y a influir sobre los aspectos que restan energía en nuestro día a día y deterioran relaciones. La crítica, la búsqueda de aprobación, la falta de autoestima o disciplina tiene que ver con ellos.

> "El objetivo es aprender a atenderlos e influir en ellos a diario, a través del adulto".

	PADRE	ADULTO	NIÑO
Relación conmigo mismo			
Relación con los demás			

Ejemplo de padre: "suelo ser muy crítica con las personas que llegan tarde a las citas, lo considero una falta de respeto". "Me molesta mucho cuando las personas se victimizan para no reconocer sus errores".

Ejemplo de adulto: "he logrado planificar mi semana de tal forma que el viernes termine antes". "En esta reunión vi claro que nos falta un paso más en el plan estratégico, así que trabajaré en él".

Ejemplo de niño: "no me siento valorada en mi trabajo, nadie reconoce mi esfuerzo". "No creo que sea capaz de hacer esta presentación, no se me da bien". "Sí, ya sé que el problema es…, pero es que…"

Nota importante: he descrito ejemplos de áreas de mejora, que es lo que solemos encontrar cuando comenzamos a usar esta herramienta, pero tanto el padre como el niño tienen su versión sana. En el niño una versión sana sería la diversión y creatividad en el trabajo, en el padre el asertividad, los límites sanos, etc.

Espero que esta herramienta sea tan útil para ti como lo sigue siendo en mi caso. Con ella aprendí a comprender algunos comportamientos opuestos en una misma situación. Sobre todo, aprendí a conocerme e influir en mi forma de relacionarme conmigo misma y los demás.

Herramienta 3: la pizarra, un recurso para conectar personas

Cada persona tiene sus propios modelos mentales, experiencias subjetivas y creencias que le acompañan de forma inconsciente, y que interfieren en la comunicación diaria con las personas que se relaciona. En este apartado te invito a que exploremos juntos una herramienta visual que aplico con los equipos con los que trabajo, incluso en mi vida profesional siendo autónoma: la pizarra.

Cómo utilizarla para obtener mejores resultados:

La anticipación.

Lenguaje neutro.

En objetivos a corto plazo o para incorporar nuevas ideas en la empresa.

Ejemplos.

Cómo no utilizar nunca una pizarra en la empresa.

La anticipación: si utilizas el modelo de propuestas semanales influyentes, habrás comprobado la gran diferencia entre hacer una reunión para diseñar planes de acción de forma anticipada y las tradicionales reuniones de control de resultados.

Lenguaje neutro: además de una mirada neutra, es muy recomendable aprender a utilizar un lenguaje neutro basado en acciones, procesos y objetivos, al tiempo que evitamos utilizar juicios y datos que inciten a la competencia entre miembros de un equipo.

Objetivos a corto plazo e incorporación de nuevas ideas*:* la efectividad de una pizarra es muy alta cuando se trabaja con objetivos a corto plazo, semanales o mensuales. En cambio, para objetivos anuales y trimestrales suelo utilizar documentos que luego puedan ir transformándose en objetivos mensuales.

Es muy útil cuando se desea introducir nuevos valores o ideas en la cultura empresarial, con el formato de slogan.

Ejemplo 1. Equipo de instaladores consigue objetivos de ventas: trabajaba con una compañía del sector servicios energéticos en un programa de desarrollo empresarial. Acompañaba a doce responsables de equipo, en el proceso de adquirir habilidades de planificación y liderazgo eficiente de equipo. Uno de ellos no tenía conocimientos informáticos más allá de lo que el programa de su empresa le requería, pero su capacidad de liderazgo era evidente. Por esa razón teníamos la atención puesta especialmente en su proceso.

El objetivo de su departamento era espacialmente complejo. Además de las instalaciones del día a día, la empresa le encargó unos objetivos de venta de aparatos electrónicos a su equipo de instaladores. Era una nueva labor incluida dentro de sus funciones, en un equipo sin experiencia en ventas.

Nuestro responsable de equipo tenía muy poca esperanza en que esto se lograra, pero yo confiaba plenamente en él y su equipo. Comenzamos a preparar la situación; el primer paso que le sugerí fue comprar una pizarra e instalarla en el despacho donde se reunían a organizar el trabajo semanal de las instalaciones.

Trabajamos con el modelo de propuestas influyentes en las primeras semanas, para que hubiera coherencia entre lo que proponía en la reunión y su lenguaje no verbal (sinceramente él no creía que lo lograrían). Me pidió trabajar la motivación y ofrecer algún tipo de incentivo al equipo, y le dije que si no lograba influir en los planes semanales sin incentivos, tampoco lo haría con ellos. Le pedí que confiara en las dos herramientas porque yo sabía que sí funcionaría.

El responsable comenzaba cada lunes con la plantilla del modelo de propuestas influyentes, explicaba las rutas de trabajo y las unidades que había que vender al mes de termos eléctricos. Utilizó la pizarra solo para este objetivo de ventas, y cada día, cuando los instaladores volvían de trabajar, "actualizaban ellos mismos" en la pizarra las unidades vendidas.

Hacia la tercera semana llegó muy contento a mi consulta, diciéndome: "¡Tenías razón! ¡La motivación aparece cuando el trabajo está planificado y ellos pueden ver en la pizarra cómo vamos!". Lo afirmaba totalmente sorprendido. Me contó cómo a partir de la segunda semana cada día llegaban entusiasmados a ver cómo llevaban el objetivo, y que habían subido muchísimo los porcentajes de unidades vendidas porque la gente estaba involucrada. Utilizó el modelo de propuestas influyentes y una pizarra para apoyar visualmente la meta.

La razón de que sea un elemento tan efectivo es que el lenguaje visual invita a las acciones, mientras que los diálogos en una reunión suelen tener un tono más mental y menos práctico. El mantener una pizarra actualizada con los datos conseguidos era una invitación diaria a ser parte del proceso y sin necesidad de intervenir en temas de motivación o compromiso, porque surgieron en el camino. ¿Te suena? Es justamente lo que ocurre en la pirámide de la estructura del éxito cuando se actualizan los niveles 1, 2 y 3.

Ejemplo 2. Incorporación de *slogans* **que ayuden a conseguir nuevos resultados**: el *slogan "error cero en los procesos"* es sin duda uno de los más utilizados en las empresas con las que colaboro. Es un objetivo claro, que suele unir a todas las personas en una forma más consciente de hacer las cosas.

"Todos somos comerciales" ha sido otro que hemos usado con mucha satisfacción, en empresas donde los equipos comerciales no tenían el apoyo del resto de departamentos y se perdían clientes porque las respuestas de administración u otras áreas restaban importancia a esta tarea. En una pizarra se apuntaba el objetivo de departamento junto con el *slogan*. De esa forma se pudo introducir en la cultura empresarial una nueva mirada al cliente con una herramienta muy creativa y especial.

"Hemos evolucionado para ti" fue el *slogan* que utilizó la empresa de suministros agrícolas para comunicar a sus clientes que ampliaba los turnos de reparto de mercancía de uno a tres al día, con el fin de abastecer siempre a sus clientes según su acuerdo con el comercial.

El beneficio fue por doble partida: internamente lograron identificar un cuello de botella y mejorar un proceso. A nivel externo, elevar el nivel de comunicación con sus clientes y aportar mejoras reales en la entrega.

En este caso, además de usar el *slogan* en *flyers* divulgativos se pusieron **carteles** en cada área de la delegación por donde pasaban los clientes. Por supuesto, fue una medida muy bien aceptada y solucionó un gran problema interno.

Los elementos visuales como la pizarra tienen como objetivo **mantenernos conectados** con los objetivos de forma pragmática, y seguir su proceso en tiempo real. Además, ayudan a mantener el compromiso en cada etapa. Merece la pena poner una pizarra en tu empresa.

Resumen capítulo 3

En este nivel ya se puede percibir un ambiente de éxito en la empresa. Se ha eliminado la ambigüedad en los procesos y los objetivos están claramente definidos. Recuerda que estás en un momento dulce, y es una excelente etapa para invertir en el empoderamiento del equipo. Puedes utilizar herramientas que faciliten la comunicación, como el modelo de propuestas influyentes, la pizarra y los *slogans*. O el análisis transaccional, para aprender a conocer los personajes que todos llevamos dentro, y contar con mejores opciones para relacionarte contigo mismo y con el entorno.

Capítulo 4. Un nuevo ambiente surge en la empresa

Cómo es una empresa que ha alcanzado la excelencia

Es una empresa sana, que establece relaciones desde el adulto de cada persona para que los planes se lleven a cabo con naturalidad y eficiencia. Y digo naturalidad, porque el esfuerzo es fruto de muchas deficiencias en los niveles inferiores de la pirámide y lo hemos incorporado socialmente como un valor importante. Pero lo normal es hacer las cosas bien siempre, y sin esfuerzo.

> "Recuerda que la excelencia es hacer las cosas bien siempre, de forma natural y utilizando el mínimo de recursos".

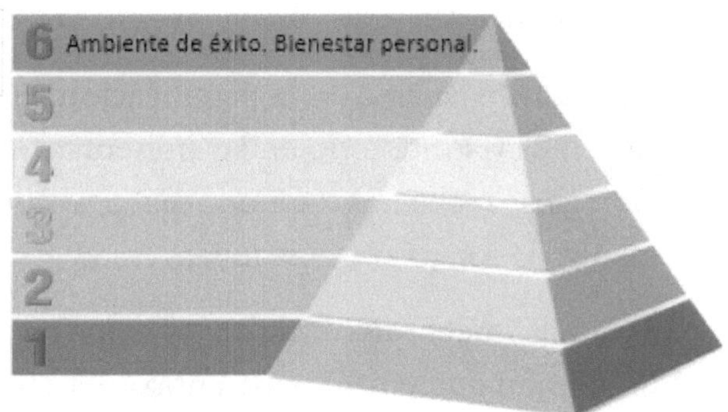

En mis talleres suelo preguntar a los equipos en qué momento del día recurrirías al padre, al adulto y al niño. El objetivo de esta dinámica es aprender a **integrar** los tres personajes y **sus virtudes** en el día a día. La primera respuesta despierta la risa de todos: "¡Al niño en la cena de Navidad!"

Efectivamente, el niño interior sano endulza nuestras relaciones. Además, es el protagonista de los momentos creativos en la empresa. Por ese motivo, conocerle y atender sus necesidades a diario hará que seamos profesionales creativos y eficientes. Cuando no es así, el niño buscará reconocimiento externo en vez de aprender a medir y **dar valor** a su trabajo. Esto podría convertirse en un reclamo constante por aspectos emocionales que solo **esa persona** puede atender, aprendiendo a reconocer su aportación de valor.

El padre representa la estructura, los acuerdos y las normas. Si está presente en un estado sano, habrá límites saludables y las normas en la empresa serán flexibles. Sabrás que hay demasiado de este personaje en estado insano porque existe crítica, miedo a equivocarse, exigencia en el ambiente.

El adulto participa en la planificación, las reuniones influyentes y sobre todo en las presentaciones de nuestros servicios a clientes (aunque puedes combinar niño y adulto de forma muy creativa).

El adulto tiene una función principal, que es influir en la relación que tenemos con nosotros mismos, regular al niño interior, atender sus necesidades y aprender a controlar sus impulsos basándose en el autocontrol y autoconocimiento. Regula también al padre, neutralizando la crítica, flexibilizando su mirada para que este integre también la compasión en las relaciones.

Las herramientas que vamos a desarrollar ahora tienen el objetivo de impulsar el desarrollo del potencial de las personas. Si las incorporas en tu día a día, comprobarás que influyen directamente en el ambiente de tu organización. Puedes contactar conmigo si tienes alguna duda en su ejecución a través de mi *web* www.wingscoaching.es, o por *e-mail:* sgarcia@wingscoaching.es. Estaré encantada de acompañarte en su aplicación.

Herramienta 1: niveles de consciencia en un profesional

La **consciencia** en el ser humano es la capacidad de percibir la realidad tal y como es, y reconocerse en ella. Es un estado en el que una persona permanece en contacto con sus recursos cognitivos como la percepción del entorno y sus propias sensaciones en él, la atención plena a lo que acontece.

La **conciencia** es la capacidad de discernir a través de la observación si algo es bueno o malo; está relacionado con la moral.

Cada persona hace lo que cree que es correcto para cada momento, desde su perspectiva, pero según el nivel de consciencia alcanzado podría ser una acción muy adecuada o todo lo contrario.

Durante un tiempo observé a equipos de trabajo donde era especialmente difícil coordinarse. Aunque su deseo era trabajar en equipo, no lo lograban. Desde su nivel de conciencia había una intención real de hacerlo, cada uno sentía que ponía de su parte. ¿Qué ocurría entonces? ¿Cómo podía ayudarles?

Después de asistir a algunas reuniones grupales y tener sesiones individuales para saber cómo se organizaban, detecté que el elemento común de estos intentos fallidos estaba en el nivel de **consciencia,** y que el orden que habían dado a sus prioridades comenzaba por lo individual. Durante un mes trabajé solo en ayudarles a ampliar su nivel de consciencia. No se trataba de cambiar nada, más bien practicábamos formas de coordinación desde diferentes puntos de vista: organizar primero lo individual, luego lo grupal, hacer la planificación todos juntos, etc. Trabajamos con muchas variables para ampliar el nivel de consciencia y luego crear la mejor opción para trabajar en equipo.

El resultado fue tan claro, que solo hizo falta una jornada para establecer un método de trabajo en equipo y comenzar a funcionar en otro nivel. Si otorgamos prioridad a lo individual en una empresa que trabaja interconectada, el error está servido y el conflicto también.

> "En estrés, el ser humano tiende a lo individual o la competencia, es un mecanismo de supervivencia".

Dibujé mi propuesta de esta forma para invitarles a iniciar este proceso. Hay mayor disposición en el equipo si introduces esta herramienta cuando ya estás en los niveles 3 y 4 de la pirámide.

Comenzarían cada semana con los datos actualizados del entorno, teniendo en cuenta la estrategia global de la empresa y los eventos importantes de cada área de la misma. A continuación, cada persona programaría su agenda particular, teniendo en cuenta esta visión global. El resultado fue una mejor coordinación y una planificación individual más efectiva.

> "Planificar poniendo consciencia primero en lo global, favorece el trabajo en equipo y ayuda a que la planificación individual sea más efectiva".

Los equipos comprueban que cuando surge una nueva consciencia global, facilita la coordinación entre las partes. **Puedes enseñarle** a tu equipo las dos formas de consciencia de forma gráfica; esto ayuda a la asimilación de una nueva manera de **percibir** una misma realidad.

En mis talleres siempre comienzo trabajando desde la consciencia. Es necesario que todos los equipos aprendan a identificar ese primer paso para avanzar con efectividad. Utilizo también gráficos que las representen; la mente aprende mejor si la acompañas con elementos visuales. Una vez has tomado consciencia de cómo percibes la situación y cómo te percibes en ella, las acciones que se ejecutan suelen ser sencillas de aplicar y aportan mejores resultados.

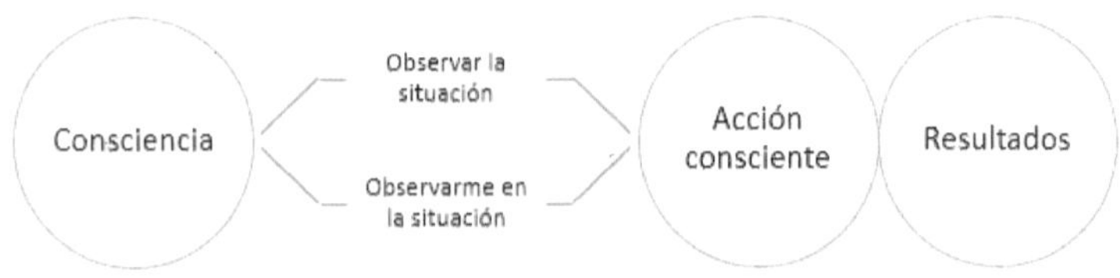

Herramienta 2: las 4 miradas que todo líder debe entrenar

Mirada diferenciadora

La mirada diferenciadora es aquella que **excluye**, eligiendo una cosa en detrimento de otra. En su versión sana tiene una función importante en la toma de decisiones. Escoger una estrategia en vez de otra, un proveedor mejor que otro.

El problema surge cuando no sabemos en qué medida abusamos de ella, y que existen otras miradas que se deben desarrollar si deseamos tener una vida saludable. Las personas que tienen menos autoconocimiento pueden verse invadidas por esta mirada y obtener como resultado relaciones poco saludables.

Podemos observar esta mirada en grupos donde surgen comportamientos de exclusión, subgrupos o críticas sin motivos aparentes. La estructura profunda de este comportamiento influye en la forma de relacionarnos, y si Ana prefiere a Carlos porque son compatibles, pareciera que no queda más remedio que excluir a Mario.

Esta mirada también se puede percibir entre departamentos: ventas suele estar en conflicto con administración o almacén con ventas. El caso es encontrar la diferencia y excluirla. Como ves, es un tipo de consciencia muy básico que se aprende en la infancia. Con suerte muchas personas las dejan atrás cuando aprenden a convivir con lo diferente.

Mirada *zoom*

Es una mirada imprescindible en la **mejora de procesos,** como si de un *zoom* de una cámara fotográfica se tratara. Va al foco de la situación y examina cómo es cada acción llevada a cabo entre puestos donde se producen las interferencias.

El aspecto más importante es que se enfoca en procesos, puestos, tareas y no señala a personas de forma personal. Este es un nuevo nivel de consciencia que no señala ni culpa, solo estudia los hechos específicos para abordar soluciones.

Esta mirada genera algo interesante en las personas; al conocer su enfoque e integrarla en la empresa, pierden el **miedo** a equivocarse y a la crítica. El miedo es reemplazado por la confianza. Aumentan las ganas de mejorar procesos, de **ser parte del cambio** empresarial.

Mirada neutra

Las personas que han logrado este nivel de consciencia poseen una capacidad de **asentir** a la realidad tal y como es, sin dar autoridad a ningún juicio o interpretación que su mente pueda hacer de ella. En este nivel el ruido mental (opiniones, diálogo interno, búsqueda de culpables) es mínimo, y la persona ya sabe que su opinión es solo una parte subjetiva de esa realidad.

Asentir a la realidad tal y como es nos da fuerza. Y esa energía puede aprovecharse para abordar la situación con más sabiduría.

La mirada neutra se sustenta en la anterior, identifica hechos, acciones, procesos y "deja en paz a las personas". Cuando una mente ya no es víctima de su propio ruido tiene una mayor **capacidad** de ver opciones o crearlas. Cuando entrenas este nivel de consciencia, tienes la capacidad de aplicar el enfoque en soluciones y hacer de cada situación a resolver un **punto de encuentro** entre las personas, en vez de un punto de inflexión. Podemos encontrar muchos personajes de cine en esta mirada. El pequeño Joda en Star Wars es uno de ellos; si tienes la oportunidad de volver esta película, pon especial atención en su mirada y en su particular manera de observar la situación.

Ejemplo: así fue como trabajamos el caso de la empresa de suministros agrícolas, que quería resolver su situación con la reclamación de clientes por retrasos en las entregas. Durante horas repasamos los hechos (cada etapa del proceso). Tuvimos en cuenta la opinión de cada una de las partes para asegurarnos de que se cubrían los deseos de todos, y nos enfocamos en crear un método en el que los pedidos llegaran tal y como se acordó con el cliente. Trabajamos durante horas con estas dos miradas creando prototipos, hasta que "surgió" una primera solución.

Cuál es mi opinión sobre la situación	Cuáles son los hechos en esta situación	Cuál sería una solución para esta situación
Creo que la empresa debería poner fin a estos errores de transporte; estoy harto de escuchar reclamaciones de clientes cada día.	Como comercial, acuerdo una fecha de entrega con el cliente. La comunico a logística. El pedido no llega a término.	Que el pedido llegue tal y como se acordó con el cliente.

¿Recuerdas la solución?

- Se establecieron tres turnos para salidas de pedidos.
- Se creó una plantilla común para comerciales, logística y producción para consultar salidas disponibles en tiempo real.
- El primer acuerdo que se generaba era el interno.

- A continuación se pactaba con el cliente la fecha de entrega, según disponibilidad de transporte y horarios.
- Todos lograron un trabajo coordinado, en equipo, y la satisfacción del cliente.

La mirada neutra se enfoca en soluciones; la información objetiva que obtenemos a través de este tipo de miradas contribuye a una mejor toma de decisiones.

Mirada sistémica integradora

Esta mirada tiene el objetivo de estudiar a la organización como sistema en su conjunto, y diagnosticar si existen dinámicas inconscientes en las relaciones, que provoquen disfunciones en el ambiente.

Estas dinámicas restan energía a la empresa para ir hacia su crecimiento, y distorsionan el enfoque de las personas. Es una mirada sumamente importante para empresas que quieran alcanzar su mayor éxito.

Todo sistema sano tiende a la estabilidad, el crecimiento y el éxito, y para que un sistema sea saludable tiene que estar en orden con su estructura interna y las leyes sistémicas que rigen en las organizaciones.

Podemos desarrollarla y utilizarla como herramienta a través de las leyes sistémicas organizacionales.

Desde la mirada diferenciadora (es la habitual), rellenamos de contenido mental situaciones, **opiniones** sobre personas, etc.

Entrenar una mirada _zoom_ y neutra nos ayuda a tomar **mejores decisiones** para actuar/solucionar sin interpretar.

La mirada sistémica es integradora, se basa en las leyes sistémicas organizacionales y nos permite comprender mejor los **síntomas** que se viven en las **relaciones**.

> "Entrena el no juicio, la mirada neutra, el no lo sé".

Leyes sistémicas organizacionales

Una empresa es un sistema interconectado de personas y elementos, donde se generan dinámicas invisibles según el orden de sus componentes. Bert Hellinger, el creador de los órdenes del amor en la familia, afirmaba que para que surja el buen amor tenía que existir un orden. Años más tarde, Gunthard Weber trasladó esta mirada a las organizaciones y adaptó estas leyes a los sistemas organizacionales.

Para mí, como consultora sistémica, ha sido la herramienta que más ha influido en mi manera de percibir y ayudar a una empresa. Espero que, al conocerlas, encuentres puntos en común para que permanezcan en equilibrio dentro de tu organización.

— Ley de pertenencia (vinculación y exclusión).

— Ley de jerarquía (orden).

— Ley de dar y recibir (compensación).

— Ley de supervivencia y éxito (crecimiento).

Ley de pertenencia

Todas las personas y elementos que forman parte de un sistema tienen el mismo derecho a pertenecer y a que su rol sea reconocido como tal. Hay organizaciones que tienen un foco muy marcado en la tarea, y sin embargo miran menos al cliente. Otro caso podría ser el de una empresa donde se valore con especial interés el departamento de I+D pero se excluya al de producción.

En organizaciones donde hay equilibrio con respecto a esta ley se percibe un alto reconocimiento a sus partes, y sensación de unidad y pertenencia. Se respira un ambiente de bienestar. En organizaciones donde no se respeta esta ley, se puede observar un clima de inestabilidad, pérdida de enfoque en el grupo y en la tarea.

Ley de jerarquía

Cada persona dentro del sistema ocupa un lugar según su jerarquía. Los directivos están en jerarquía por encima de los responsables de departamento, los responsables de departamento sobre su equipo, y así sucesivamente.

Cuando en una empresa existe equilibrio en esta ley se percibe orden, dirección y fluidez a la hora de llevar a cabo planes de acción.

Se puede observar que no se respeta esta ley porque hay desconfianza y críticas personales en el ambiente. Aparece la figura del "escalador de poder", que es una persona que se salta la autoridad inmediata para relacionarse con la superior.

Ley de dar y recibir

Para que una relación laboral sea próspera y ayude a las personas a desarrollar su potencial tiene que haber un equilibrio entre el dar y recibir.

Salarios acordes a las tareas, esfuerzo reconocido por superiores, reconocimiento al compromiso y a los logros realizados para la compañía.

Un equipo se expande cuando las personas quieren dar un poco más de su potencial, y a cambio reciben mejores condiciones. Esto contribuye a una evolución constante y equilibrada en el sistema. Ocurre cuando aportamos un poco más de lo que el cliente espera de nosotros, y este en agradecimiento se queda con nosotros.

Se puede observar que un sistema está en orden con esta ley porque hay crecimiento sostenible y sensación de reconocimiento (empresas reconocidas en el entorno, personas reconocidas en su puesto). Cuando no está en equilibrio aparecen dos figuras: el quemado (no sabe decir que no y termina deseando no estar allí) y el divorciado interno (casi sin saberlo se desconecta de los planes de la empresa, solo cumple lo imprescindible a modo de buscar su propio equilibrio interno de forma inconsciente).

Ley de supervivencia y éxito

La dirección natural de un sistema es hacia el éxito, si se cumplen las leyes anteriores. Y ese éxito no es otra cosa que moverse hacia el objetivo común. La supervivencia, en cambio, es llegar a garantizar la subsistencia en el mercado con gran esfuerzo, pero menos posibilidades de éxito. Esto ocurre cuando las personas anteponen sus objetivos individuales a los de la empresa, provocando descoordinación y escaso crecimiento.

Puede ocurrir también porque la meta común no esté totalmente definida, y producir desajustes en la eficiencia, creando un **clima enrarecido**. Este es un escenario idóneo para que surjan las necesidades inconscientes de las personas y se instalen en el día a día de la organización.

Necesidades y personajes que surgen en la empresa

— Necesidad de poder: escalada de poder.
— Necesidad de aprobación: bajo liderazgo personal, bloqueo y sin iniciativa.
— Necesidad de atender lo urgente: no hay crecimiento.
— Apagafuegos.

Y puede dar lugar a la aparición de estos personajes que funcionan desde una mirada individual o diferenciadora:

Crítico

Este personaje critica duramente a las personas, asignándole calificativos personales como: *no es bueno para esta tarea, no responde como tiene que hacerlo, no sabe, no es capaz...* entre los más suaves. Esto le aleja de una observación más exhaustiva del proceso: ¿Qué está sucediendo en esta área? ¿Qué otros departamentos o personas intervienen, para que esto sea así? ¿Qué tengo que ver yo, desde mi puesto, para que esto sea así en esa área?

Así se transforma en alguien poco eficaz, incapaz de detectar el origen de la situación. Crítico con las personas y poco eficaz como líder.

La transformación del crítico en jirafa

La jirafa es un animal sabio por naturaleza. Se dice que su gran corazón se debe a la capacidad de observar "toda la selva" desde una altura suficiente para comprender mejor las interacciones.

Este animal se eleva sobre su cuello y observa en silencio antes de actuar, de decidir. Observa cómo está ella situada dentro de esa situación, y qué produce su presencia. De aquí su sabiduría para interactuar con las demás especies en armonía.

Escalador de autoridad

La necesidad inconsciente de este personaje es brillar y escalar puestos. Esto lo vuelve anarquista, poco eficiente, y su comportamiento hace que se destruya la coordinación en los equipos. Con este comportamiento no llega a visualizar que es una dinámica donde todos pierden: él, el equipo y la empresa.

La transformación del escalador en cigüeña (humildad)

La cigüeña es un animal pacífico, que puede convivir con muchos otros animales ocupando su lugar y respetando el lugar de los demás. Un profesional que incorpora estas características en su área profesional ha comprendido que no puede "llegar a ningún lugar solo", que puede convivir y cooperar con otros estilos de personalidad y trabajar por un objetivo común desde su puesto.

Quemado

Asume su papel y lo lleva a cabo con eficiencia, pero ante los problemas "con otros" se bloquea, le invade la frustración y no resuelve. Es fácil que se vea entre dinámicas disfuncionales de la empresa, porque se sabe que asumirá gran parte de la carga de trabajo. Al no establecer límites claros con superiores y compañeros de "hasta dónde llegan sus límites", termina quemado.

La transformación del quemado en oso (límites)

El oso establece límites claros, y cuando hay situaciones de conflicto pone límites. Utiliza la comunicación para exponer la situación y lograr mejores acuerdos y distribución del trabajo. De esta forma se convierte en un avisador de posibles procesos deficientes, en vez de asumir cargas "por no hablar".

Resumen capítulo 4

Para diseñar ambientes de éxito debemos conocer las dinámicas inconscientes que surgen en los sistemas organizacionales. Muchas de estas dinámicas se pueden comprender a través de las leyes sistémicas organizacionales, y abordar desde la estructura del éxito de una empresa.

Podemos detectar, por ejemplo, un personaje escalador de poder a través de las leyes sistémicas, y abordar la solución con una entrevista para equilibrar su actitud y desempeño. Es decir, detectamos la dinámica **inconsciente** con las leyes y lo abordamos desde la estructura.

Juntos, el desempeño y la actitud esperada para el puesto, se abordan desde la estructura.

Las empresas son sistemas interconectados; por lo tanto, la única manera de funcionar de forma eficiente es desde una planificación global, nunca desde la individual. Comenzar a planificar teniendo en cuenta la organización en su conjunto, permitirá a cada persona organizar su agenda de una forma mucho más efectiva.

Capítulo 5. La aventura acaba de empezar

Estás leyendo el último capítulo de este libro, lo que indica que tu aventura acaba de empezar. Ahora cuentas con una herramienta para comprender nuevos aspectos de tu empresa, así como modelos de trabajo que te ayudarán a situar a la organización en el nivel que siempre ha merecido: un ambiente de éxito.

Pero sabes que la excelencia y un ambiente de éxito es solo el punto cero de una empresa. A partir de ahora puedes comenzar a pensar en estrategias para dar ese gran salto que es "crear posibilidades de éxito".

Excelencia, creatividad y comunicación con tus potenciales clientes serán tus grandes aliados. Y si eres de los que piensa que no tienes creatividad, déjame decirte que es un recurso que todos tenemos. La creatividad otro gran recurso del ser humano, solo hay que aprender a conectar con ella.

La siguiente anécdota podría desvelar dónde quedaron esos recursos que llevamos dentro y que tanto trabajo cuesta a veces encontrar.

Hubo una vez un niño que vino a este mundo; se sentía pleno, completo. Estaba unido a una familia que atendía sus necesidades y que le brindaba amor, cuidado y seguridad. Se desarrolló feliz y completo hasta los 3 o 4 años.

En esta etapa de la vida su cuerpo cambió; su carita de bebé se transformó en la de un niño. Hasta ese momento, la naturaleza, para preservar la especie, dota a los pequeños de unas características especiales que hacen que la gente sienta empatía por ellos y quiera protegerlos, además de ayudarlos a desarrollarse.

A partir de esa edad las cosas se ponen difíciles; aquello que antes causaba risa en los mayores ahora les enfada o se convierte en un límite de algo que no se puede hacer más. El niño experimenta mucha confusión y no comprende bien lo que está sucediendo; en ese momento empieza a experimentar la **culpa**, creyendo que hay algo malo en él. También descubre el miedo al **rechazo** y al **abandono**. Piensa que si no se adapta a lo que los mayores esperan de él podrían abandonarlo.

¿Dónde está tu potencial?

Así comienza a desconectarse de la realidad de quién es él, de su valía como persona, y empieza a construir algunas estrategias para adaptarse a un mundo de adultos que es muy confuso, doloroso e inseguro para él.

> "Descubre que hay actitudes que son muy bien aceptadas en su entorno, y otras que no. Y empieza a crear sus propias maneras de actuar para asegurarse el amor y la seguridad que solo los mayores pueden darle".

"Voy a ser bueno, muy bueno, para que papá y mamá me cuiden". "Soy el mejor de la clase, el mejor emprendedor. Así obtengo reconocimiento por mis logros". "Yo prefiero esconderme para sentirme más seguro. Soy bueno, me adapto a todo y nunca doy problemas".

> "El precio que ha pagado este niño, en su camino hasta convertirse en adulto, ha sido excluir parte de su potencial".

Cómo expandir el potencial

El niño, en su búsqueda de amor, reconocimiento y seguridad, y con el fin de adaptarse al mundo, fue inhibiendo el uso de muchos de sus talentos como la creatividad, la espontaneidad y la capacidad para resolver situaciones de forma sabia, y lo envió a su **inconsciente**.

El problema es que envió el mensaje con una carga emocional negativa muy alta por sentirse culpable, junto con creencias que a día de hoy todos tenemos, tales como programas inconscientes que operan limitándonos: no soy bueno en esta profesión, soy débil y nunca lograré hacerlo bien. Es malo ser espontáneo, no es adecuado. No es bueno confiar en uno mismo, etc.

Fue entonces cuando perdió la capacidad de responder de forma asertiva a cada situación y comenzó a actuar **siempre** de la misma forma. Esto se convirtió en un aspecto limitante para su desarrollo y su capacidad de dar mejores respuestas a cada situación.

- El niño que se volvió muy bueno podría ser un excelente seguidor, liderar puestos intermedios sin problemas, siempre que haya alguien arriba que le dé una dirección. Podría tener dificultades para expresar necesidades, poner límites o mantener una comunicación fluida en su ambiente profesional y personal.

- El niño que aprendió a "ser el mejor" podría tener más dificultad para mantener relaciones saludables entre iguales y para trabajar en equipo. La forma que conoce de estar en el mundo es bajo el lema "yo soy mejor que...", y no seguirá con agrado los planes del equipo.

- El niño introvertido quizás no se atreva a comunicarse, y aunque tenga excelentes ideas e iniciativa no las expresará. Podría vivir un estado de enfado por tener mucho diálogo interno, pero sentir auténtico miedo para expresar lo que ve, siente o proponer mejores ideas. Casi nadie descubre todo lo que tenía para aportar y por dentro lo vive con mucho dolor.

Estos ejemplos son únicamente descripciones generales de tres tipos de personalidad que tienen el objetivo de identificar rasgos que limitan el potencial, pero no son la descripción real de una persona. Más bien describen el programa interno que muchas veces nos guía como motivación.

Construimos la personalidad y el **carácter** a partir de experiencias complejas de la infancia, que se siguen manifestando en la edad adulta como nuestra **forma de ser**. Pero no somos así; somos mucho más que lo que conocemos de nosotros. Hay millones de formas de dar respuesta a situaciones, además de las que solemos elegir según nuestra personalidad.

El viaje del héroe...

El viaje del héroe o desarrollo del liderazgo consiste en volver a mirarnos por dentro, reconocer el miedo, la rabia y la culpa de ese niño que hizo lo mejor que pudo para adaptarse al mundo.

Este viaje nos invita a explorar otras áreas de nosotros mismos, a actuar desde fuera de esa caja pequeña llamada personalidad, que mantiene limitado nuestro potencial y nos hace ser menos eficientes, menos felices y con un bajo desarrollo profesional.

Estas afirmaciones te podrían ayudar a explorar fuera de la caja todo ese potencial que necesitarás en esta nueva aventura:

"Puedo ser espontáneo y expresar con dulzura lo que siento"; "puedo expresar peticiones y comunicarme con mis compañeros de forma segura"; "es fácil explorar y probar nuevas herramientas de comunicación"; "confío en mí, puedo aportar muchas ideas para el cambio".

En este capítulo seremos unos exploradores de nuestro potencial, siempre con la pregunta respetuosa de: ¿Qué hay más allá de esta caja?

Si dentro de la caja **"soy así"**, y eso me limita como persona, quizás con nuevos conocimientos y herramientas podría llegar a **ser** una persona con **mejores recursos**, capaz de expandir mi potencial.

Ejercicio: en un folio en blanco dibuja una caja o un simple cuadrado en el centro. Deja espacio para completar con texto dentro y fuera de ella. Se trata de explorar las características con las que te has identificado como forma de ser, y también averiguar cuáles podrían haber quedado olvidadas.

Ahora, durante cinco minutos comienza a escribir dentro de ella descripciones que te definan según lo que **conoces de ti**. ¿Cómo soy en mi día a día? Ejemplo: serio, responsable, amable, gracioso, etc.

Observa tu caja con gratitud: contiene todo el talento que has desarrollado desde la infancia y te ha traído hasta aquí. ¡Casi nada! **Utiliza una mirada neutra.**

Como segundo paso, observa tu recorrido de vida e intenta poner nombre a esos aspectos de tu personalidad que han sido limitantes. **Utiliza una mirada exploradora.** Observa qué te **faltó explorar**, qué resultados hubieras tenido si también hubieras incorporado otros recursos internos. Ponle palabras y comienza a escribirlas "fuera de la caja", tómate algunos minutos para esta parte del ejercicio. Ejemplo: comunicar mejor, tener más coraje, tener más en cuenta a los demás, ser músico, actuar, viajar solo, etc.

Por último, selecciona tres de los recursos que has nombrado fuera de la caja y sientes que sería importante **incluir** en esta nueva etapa.

> "Para llegar a sitios diferentes, tenemos que hacer cosas distintas. Para hacer cosas distintas, hay que contar con nuevos recursos, que están fuera de la caja".

Los tres grandes deseo de un líder

El día a día se impone en muchas organizaciones, y los deseos de lograr nuevos niveles de desarrollo muchas veces se quedan guardados en una carpeta. Aun así, todas las empresas hacen grandes esfuerzos por responder a las expectativas de sus equipos y clientes.

Durante 2019 realicé una pequeña encuesta a todas las personas que asistían a mis seminarios, programas de desarrollo empresarial y procesos de *coaching*. La pregunta era muy sencilla: "¿Cuáles son los tres deseos de un líder?". Este es un resumen de sus respuestas:

- Tener una empresa con más rentabilidad.
- Contar con equipos autodirigidos o equipos de alto rendimiento.
- Tener reuniones más eficientes y habilidades para resolver conflictos.

Todos deseamos al menos dos de estos aspectos; en algunos se necesita formación, pero en muchos de ellos contamos con los recursos necesarios y no los aprovechamos. ¿Qué sucede para que se postergue el desarrollo?

El proceso de aprendizaje de una empresa

Muchas personas abandonan esta aventura porque no conocen las etapas del proceso de aprendizaje, ni cómo prepararse para ellas. En este tema vamos a familiarizarnos con los pasos y los síntomas de ese proceso, para que una vez que inicies ese viaje sea para seguir explorando la **mejor versión** de ti mismo y de tu organización. Y no volver atrás.

- El proceso de desarrollo de una organización no es lineal; hay avances, retrocesos y momentos de estancamiento. Es parte del camino, y cada empresa tiene su propio proceso no lineal. Deberás aprender a observarlo para ir a favor de ese impulso.

- El cambio es lo único **constante**, y una empresa saludable es aquella que cuenta con los recursos para adaptarse al cambio sin perder su esencia. Cuando la organización alcanza su nivel de excelencia, tiene más recursos y flexibilidad para adaptar su estructura al cambio y aprovechar todas las posibilidades de éxito que surgen en el entorno.

- El cambio no es **glamouroso:** este proceso es como un espejo que te mostrará vuestras limitaciones, las creencias que se han arraigado en la cultura y todo aquello que "ya es hora de dejar atrás". Se necesita una verdadera mirada neutra para iniciarlo, sin juicios ni críticas internas.

- Hay etapas donde se avanza muy rápido, y otras donde surgen retrocesos. También es normal que el sistema se detenga en otras, para asimilar el cambio.

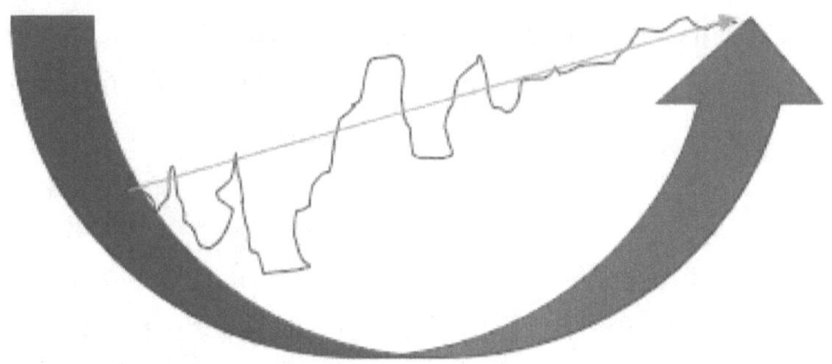

Imagen del proceso real *vs* el proceso que todos idealizamos

Iniciar el viaje del héroe en la empresa

El viaje del héroe en una empresa se inicia cuando decide moverse hacia un nuevo escenario. Esto puede suceder por **anticipación** o por **necesidad**. En la anticipación se cuenta con tiempo, recursos y una estrategia programada; el deseo es crecer. En la necesidad probablemente no se cuenta con mucho tiempo, y el campo de actuación es más reducido; la necesidad es mejorar.

Recursos y apoyos

Antes de comenzar el viaje debes averiguar qué recursos son necesarios para iniciar la travesía. Muchos de esos recursos son nuevas competencias, métodos de trabajo, tiempo, recursos económicos, etc.

Elegir una actitud

Cada vez que iniciamos un viaje ponemos a prueba todo nuestro sistema de creencias, y además sabemos que van a surgir imprevistos. Es importante elegir la actitud con la que vas a abordar cada una de las pruebas que la vida te ponga, porque la primera idea podría ser abandonar el cambio y quedarse en la zona de confort.

Planificar etapas

El estrés, estados de ánimo y algún plan que no estaba previsto podrían borrar tus prioridades rápidamente. Planifica cada etapa por escrito y luego cumple con tu planificación con determinación. Celebra con el equipo cuando hayas alcanzado cada pequeña meta; esto reafirma la sensación de que sí se avanza y renueva la actitud del equipo.

Regula el estrés

Iniciar procesos de cambio para alcanzar nuevas posibilidades de éxito te pedirá lo mejor de ti. Son etapas donde debes entregar horas a ese nuevo deseo, y el estrés podría instalarse en el día a día. Recuerda que son solo algunas de estas etapas las que te exigen inversión de tiempo y atención, luego solo es ejecutar.

En ese periodo puedes combinar la agenda con deporte, meditación o alguna otra actividad que te ayude a mantener tu actitud en alto y el estrés bajo mínimos.

Descubre el potencial que tu empresa tiene por desarrollar

El viaje concluye con una empresa que mantiene su esencia, pero ha alcanzado un nuevo nivel de consciencia. Si has estado atento en este viaje, descubrirás que tú también has cambiado, que ahora cuentas con una nueva mirada y nuevos recursos. El héroe ha vuelto, pero ya nunca será el mismo de antes; es hora de descansar en este nuevo nivel y disfrutar de los logros que sucedan en esta etapa.

Resumen capítulo 5

El proceso de desarrollo de una empresa es similar al viaje del héroe; hay una llamada para iniciar el viaje, pruebas que debemos pasar, obstáculos que encontraremos en cada etapa hasta llegar a ese lugar, que no es otro que descubrir que sí se puede **diseñar ambientes de éxito** y que todas las personas tienen una gran capacidad de influir en las posibilidades de éxito de la organización.

Pero para iniciar este viaje es necesario salir de la caja, conectar con nuevos recursos y explorar nuevas formas de actuación. Es hora de empezar a preparar el viaje, vestirse de explorador, marcar el rumbo y dejar que la experiencia transforme los corazones de todas las personas que integran la organización.

Nota final de la autora

Hemos llegado al final de este primer encuentro. Para mí ha sido un verdadero placer escribirte cada día un párrafo hasta que esta obra tomaba forma. Puedo asegurarte que también ha sido un viaje del héroe transformador en todos los ámbitos de mi vida.

Si deseas contactar para conocer los talleres de *Cómo diseñar ambientes de éxito en tu empresa*, puedes hacerlo en: www. wingscoaching.es

Si deseas conocer nuestro programa *Cómo liderar equipos de alto rendimiento* para formar a directivos y cargos medios, contacta a través de nuestra *web* o en el *e-mail*: sgarcia@ wingscoaching.es

Si estás interesado en nuestros *Programas de liderazgo y desarrollo empresarial*, contacta en estos mismos medios.

Bibliografía

Chris McChesney, Sean Covey, Jim Huling, *Las 4 disciplinas de la ejecución*, Conecta, 2017.

Diaz- Deus, Antonio, *El coach como chamán*, Ediciones Infova, 2010.

Sparrer, Insa, *Enfoque de solución en constelaciones sistémicas*, Herder, 2013.

Claude Rosselet, Georg Senoner, *Management inteligente*, Herder, 2013.

Patrocinio

Wings Coaching.

Coaching, formación y consultoría.

En Wings Coaching son expertos en facilitar el desarrollo de las organizaciones, desde 2010 trabajan junto a empresas y profesionales en sus procesos de evolución y capacitación.

Sus principales áreas de intervención son:

- Programas de desarrollo empresarial: diseñados de forma precisa y específica según las características de cada organización. En ellos se combinan coaching, consultoría y formación para lograr resultados ágiles y sostenibles en el tiempo.
- Consultoría de procesos: actualizando la estructura, la comunicación y la estrategia en cada área de las empresas.
- Coaching ejecutivo y empresarial: desarrollar competencias de liderazgo y alcanzar mejores objetivos personales y profesionales.

Datos de contacto

✉   sgarcia@wingscoaching.es

☐   686115400

🌐   www.wingscoaching.es

Autores para la formación

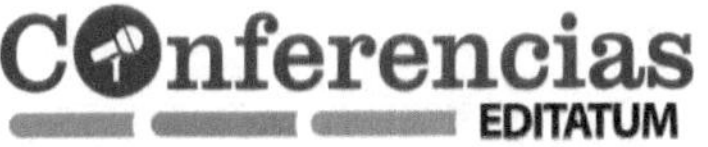

Editatum y GuíaBurros te acercan a tus autores favoritos para ofrecerte el servicio de formación GuíaBurros.

Charlas, conferencias y cursos muy prácticos para eventos y formaciones de tu organización.

Autores de referencia, con buena capacidad de comunicación, sentido del humor y destreza para sorprender al auditorio con prácticos análisis, consejos y enfoques que saben imprimir en cada una de sus ponencias.

Conferencias, charlas y cursos que representan un entretenido proceso de aprendizaje vinculado a las más variadas temáticas y disciplinas, destinadas a satisfacer cualquier inquietud por aprender.

Consulta nuestra amplia propuesta en www.editatumconferencias.com y organiza eventos de interés para tus asistentes con los mejores profesionales de cada materia.

EDITATUM

Libros para crecer

www.editatum.com

www.ingramcontent.com/pod-product-compliance
Lightning Source LLC
LaVergne TN
LVHW091506170726
843492LV00001B/377